MOEWIG

Liebeshoroskop der Jungfrau-Menschen

24. August
23. September

MOEWIG

Satz: Utesch, Hamburg
Umschlagentwurf und -gestaltung: Werbeagentur Zeuner, Ettlingen
Textillustrationen: Brigitte Manchen,
Werbeagentur Zeuner, Ettlingen
Auslieferung in Österreich:
Pressegroßvertrieb Salzburg, Niederalm 300, A-5081 Anif
Printed in Germany
ISBN 3-8118-7079-3

Inhaltsverzeichnis

Warum Astrologie kein Humbug und kein Schwindel ist . . . 9
Die Jungfrau-Frau 17
Der Jungfrau-Mann 21
Die zusammenfassende Typisierung des Jungfrau-Charakters . 25
Das Liebeshoroskop der Jungfrau-Frau 29
Die Jungfrau-Frau wünscht sich einen sexuell zärtlichen Widder-Mann 30
Befriedigt der Stier-Mann die Jungfrau-Frau? 34
Die erotische Grundstellung beim Sex 38
Die heißen Finger des Krebs-Mannes 43
Der Jungfrau-Frau gefällt am Löwe-Mann die Perfektion . . . 48
Die sexuellen Spielchen zweier Jungfrau-Geborenen 53
Die Körperflege vor der Liebesstunde 57
Die aggressive Sexualität des Skorpion-Mannes 61
Die Tabus der Jungfrau-Frau beim Geschlechtsverkehr 65
Wollen Jungfrau-Frau und Steinbock-Mann neue Bettspiele? . 69
Die Massage läßt die Jungfrau-Frau zerfließen 73
Der Fische-Mann küßt die Jungfrau-Frau aus ihren Träumen . 77
Das Liebeshoroskop des Jungfrau-Mannes 81
Die Widder-Frau hat das Zepter des Jungfrau-Mannes gern in der Hand 82

Der Jungfrau-Mann will das ausgelassene Sexualleben kennenlernen . . . 86
Die Zwillinge-Frau verführt den Jungfrau-Mann durch ihre Wölbungen . . . 90
Jungfrau-Mann und Krebs-Frau stimulieren sich streichelnd . . . 94
Die Löwe-Frau frißt den Jungfrau-Mann am liebsten auf . . . 98
Die jungfräuliche Sexualität . . . 102
Das raffinierte Liebesvorspiel der Waage-Dame . . . 106
Die Skorpion-Frau und die erogenen Zonen des Jungfrau-Partners . . . 110
Die erotischen Techniken der Schütze-Frau . . . 114
Der glühende Körper der Steinbock-Frau wartet . . . 118
Der Jungfrau-Mann und die Erotik der Wassermann-Frau . . . 122
Die sexuellen Berührungen der Fische-Frau . . . 126
Die erotischen Typen des Tierkreises . . . 129
Das Geschlechtsleben der Widder-Geborenen . . . 130
Das Liebesleben der Stier-Geborenen . . . 131
Können Zwillinge-Geborene bisexuell werden? . . . 132
Das Sexualleben der Krebs-Geborenen . . . 133
Die geheimen Liebeswünsche der Löwe-Geborenen . . . 134
Sind Jungfrauen Jungfrauen? . . . 135
Der nichtausgeglichene Sex der Waage-Menschen . . . 136
Die Geschlechtsgier der Skorpion-Geborenen . . . 137
Der sexbesessene Schütze-Mensch . . . 138
Das Triebleben der Steinbock-Geborenen . . . 139
Die Erotik des weiblichen und männlichen Wassermanns . . . 140
Das Triebleben der Fische-Geborenen . . . 141
Berühmte Jungfrau-Geborene . . . 142
Was bedeutet für Sie als Jungfrau-Dame der Sex? . . . 143

Was bedeutet für Sie als Jungfrau-Mann der Sex? 145
Die Jungfrau-Dame und die Verführungskünste 147
Der Jungfrau-Mann und die Eroberungskünste 149
Wie reagiert eine Jungfrau-Dame auf einen Seitensprung? . . 151
Wie reagiert ein Jungfrau-Mann auf einen Seitensprung? . . . 153
Fünf Liebessünden, die der Jungfrau-Mensch gern begeht . . 155
Steht die Liebe im Leben einer Jungfrau-Dame
an erster Stelle? 157
Steht die Liebe im Leben des Jungfrau-Mannes
an erster Stelle? 159

Warum Astrologie kein Humbug und kein Schwindel ist

Seit dem Altertum spaltet die Astrologie die Menschheit in zwei Parteien: Der eine Teil glaubt an den Zusammenhang von Schicksal und Charakter des Menschen mit den Sternen – der andere Teil verlacht diese These und spottet über sie. Der Haupteinwand der Gegner der Astrologie gipfelt in der Behauptung, daß der Geburtstag eines Menschen nicht sein Schicksal oder seinen Charakter bestimmen könne; sie begründen diese Behauptung damit, daß ja sonst alle Menschen, die an einem bestimmten Tag geboren sind, die gleichen Charakter-Schicksalszüge aufweisen müßten. Diese Begründung der Astrologie-Gegner ist jedoch völlig oberflächlich und total falsch. Dennoch muß man auch für diese Gegnerschaft ein gewisses Verständnis aufbringen, da sie durch die täglich erscheinenden (und sich widersprechenden) Zeitungshoroskope immer wieder Stoff für ihre ablehnende Kritik geliefert bekommen. Es wäre ein Humbug, allen in einem bestimmten Monat unter einem bestimmten Tierkreiszeichen Geborenen den gleichen Charakter und das gleiche Schicksal zuzuschreiben, denn in diesem Monat werden unzählige Millionen Menschen geboren, die sich hinsichtlich Charakter und Schicksal völlig unterscheiden. Ein Horoskop ist erst dann zu berechnen, wenn man den Geburtstag, den Geburtsmonat und das Geburtsjahr sowie die geographische Lage des Geburtsorts kennt. Außerdem muß man den Aszendenten und die Stellung der einzelnen Planeten im Geburtsaugenblick wissen. Wir werden dazu noch einige Erläuterungen geben. Die Astrologie war schon im Altertum eine Lehre vom Wesen des Menschen und seinen Charakteranlagen. Selbstverständlich bildet der Charakter auch eine Basis für das Schicksal eines Menschen. Weil in einzelnen, ernst zu nehmenden astrologischen Büchern so oft die gleichen Meinungen, Ansichten und Begründungen der Charaktere einzelner Sternzeichen beschrieben werden, darf man nun nicht den falschen Verdacht hegen, daß einer von dem anderen abschreibt. Im Gegenteil: Hier bestehen gewisse astro-analytische Erkenntnisse und Weisheiten, die sich natürlich gegenseitig überdekken müssen, wenn sie stimmen sollen.

Der Erfolg eines Menschen im Leben, im Beruf und in der Liebe hängt vom Charakter des einzelnen ab. Daher hängen aber auch Schicksal und Charakter eng zusammen. So ist das Schicksal in der einzelnen Charakterveranlagung zu suchen. Man kann jeden einzelnen Menschen aufgrund bestimmter mehr oder weniger hervorstechender Eigenschaften einem Typ zuordnen, der sich aus diesen Eigenschaften zusammensetzt und dem natürlich noch viele andere Millionen Menschen zugeordnet werden, nämlich die, welche die gleichen typischen Eigenschaften haben. Trotzdem sind diese Menschen nicht gleich, weil sie ja verschiedene Erbanlagen ihrer Eltern und Vorfahren ebenfalls in sich tragen. Man muß daher von einer Ähnlichkeit innerhalb einer bestimmten Typen-Gruppe sprechen. Über allem darf nie die Individualität vergessen werden!

Wir unterscheiden in der Basis unserer Charakterkunde zwei astrologische Charakter-Typen:

a) Nach der Sonne sowie den Planeten Mond, Merkur, Venus, Mars, Jupiter, Saturn, Uranus und Neptun.
b) Nach den Tierkreiszeichen: Widder, Stier, Zwillinge, Krebs, Löwe, Jungfrau, Waage, Skorpion, Schütze, Steinbock, Wassermann und Fische.

Die Festlegung der Merkmale des Charakters eines Menschen müssen sich also auf sämtliche Planeten und sämtliche zwölf Tierkreiszeichen beziehen, dann kann man die Stärken und Schwächen jedes Charakters sowie seine guten oder schlechten Eigenschaften feststellen. Denn nun zeigt sich, wieviel der Geborene von jedem einzelnen Planeten und Tierkreiszeichen besitzt, welche typischen Eigenschaften stärker oder schwächer, besser oder schlechter hervortreten. Dazu kommt nun in hohem Maße der Einfluß des Aszendenten.

Was ist ein Aszendent? Der Aszendent ist der am Osthorizont aufsteigende Punkt des Tierkreises. Das heißt: So, wie im Osten des Horizonts die Sonne, der Mond und alle Planeten aufgehen, so steigen dort auch jeden Tag alle zwölf Tierkreiszeichen in ihrer Reihenfolge auf. Das heißt: Durchschnittlich steigt alle zwei Stunden ein anderes Zeichen am Horizont des Geburtsortes auf. Während die Sonne für ihren Lauf durch den ganzen Tierkreis ein ganzes Jahr benötigt, läuft dieser ganze Tierkreis innerhalb von vierundzwanzig Stunden durch den Osthorizont des Geburtsortes. Aus dieser Tatsache geht die besondere individuelle Bedeutung des Aszendenten aus dem raschen Wechsel der einzelnen Zeichen innerhalb kurzer Zeit hervor. Durch diese Erklärung allein ist die Aussage der Gegner, daß alle Stiere, Schützen, Widder usw. gleich sein müßten und daß dies ein Unsinn sei, bereits stark durchlöchert und widerlegt.

Wenn die Gestirne – wie zum Beispiel der Mond – auf die gewaltigen Wassermassen der Meere so einen Einfluß nehmen, daß durch den Mond zum Beispiel täglich Ebbe und Flut erzeugt werden, so wird doch auch anzunehmen sein, daß diese kosmischen Einflüsse auf die Gene jedes einzelnen Menschen ihre Wirkungen ausüben. Damit steht naturgemäß aber auch die Wirkung auf die Chromosomen in ursprünglichem Zusammenhang. Wir werden beide Begriffe nun kurz erläutern:

Die Chromosomen sind Teilstücke, die bei der Zellkernteilung auftreten und die Erbanlagen des Menschen beinhalten. Es sind beim Menschen immer die gleichen Formen festzustellen und die Anzahl von sechsundvierzig Teilstücken. Auf diesen Chromosomen sitzen die sogenannten Gene, die die Erbfaktoren tragen. Man kann diese Teilstücke auch als Moleküle bezeichnen. Die Art dieser Gene und Chromosomen entscheiden nun schon im Mutterleib, ob der zukünftige Mensch blond oder braun werden wird, ob er eine helle oder dunkle Hautfarbe bekommen wird, ob er grüne oder schwarze Augen hat – kurz jede innere und äußere Eigenschaft ist in diesen Genen bereits festgelegt. Hier tritt die gesamte Erbmasse auf – Eltern, Großeltern und Urahnen wirken hier fort. Wer könnte nun verantwortlich behaupten, daß kosmische Strahlen auch diese Erbfaktoren im Augenblick der Geburt beeinflussen oder nicht beeinflussen?

Wenn man nun von den Einzelberechnungen absieht, ergeben sich dennoch bei den im selben Tierkreiszeichen Geborenen verblüffende Parallelen. Selbst der Laie kann an Skorpionen oder Widdern Eigenschaften feststellen, die es bei den Fischen oder der Waage nicht gibt. Jahrhundertealte Erfahrungen und Vergleiche haben hier bestimmte Charakterzüge herauskristallisiert.

„Ihr Liebeshoroskop" soll Ihnen vom astrologischen Standpunkt aus helfen, den richtigen Partner, die richtige Partnerin zu finden. Wir wollen die Charakter-Typen der einzelnen Tierkreiszeichen – Mann und Frau – gegenüberstellen und so feststellen, wer zu wem paßt oder nicht paßt. Es ist wichtig, dabei hinzuzufügen, daß die Gestirne den Charakter des Menschen auch im Moment der Zeugung stark beeinflussen können.

Wir wollen jetzt schon in der Gesamteinleitung die typischen Merkmale der einzelnen Menschen ihrer Tierkreiszeichen anmerken. Es sollen hier nur jeweils vier oder fünf positive, aber auch negative Charakter-Merkmale angeführt werden. In dem auf Sie zutreffenden Bändchen Ihres Tierkreiszeichens werden Sie dann alles detailliert und begründet finden.

Hier wollen wir Ihnen nur die Gelegenheit geben, ganz von selbst festzustellen, ob ein Widder zu einem Schützen paßt oder nicht – allein von den Grundcharakterzügen aus gesehen. Wenn zum Beispiel bei beiden Sternzeichen das Wort „streitbar" steht, muß man sich natürlich einiges überlegen.

Nun einmal eine auszugsweise grobe Typisierung:

Der Widder-Charakter (21. März – 20. April):
Pluspunkte: intelligent, hilfsbereit, modern, energisch;
Minuspunkte: prahlerisch, launenhaft, egozentrisch, indiskret.

Der Stier-Charakter (21. April – 20. Mai):
Pluspunkte: extrovertiert, tüchtig, seriös, wahrheitsliebend;
Minuspunkte: nörglerisch, pedantisch, rechthaberisch, ichbezogen.

Der Zwillinge-Charakter (21. Mai – 21. Juni):
Pluspunkte: tolerant, fröhlich, ehrlich, sympathisch;
Minuspunkte: unzuverlässig, dickschädelig, eitel, untreu.

Der Krebs-Charakter (22. Juni – 22. Juli):
Pluspunkte: altruistisch, sensibel, gutherzig, häuslich;
Minuspunkte: launisch, empfindlich, angerührt, eigensinnig.

Der Löwe-Charakter (23. Juli – 23. August):
Pluspunkte: fleißig, menschenfreundlich, verläßlich, strebsam;
Minuspunkte: herrisch, aggressiv, egoistisch, hochmütig.

Der Jungfrau-Charakter (24. August – 23. September):
Pluspunkte: friedlich, gemütvoll, heiter, familiär;
Minuspunkte: geizig, besitzergreifend, nörglerisch, arrogant.

Der Waage-Charakter (24. September – 23. Oktober):
Pluspunkte: liebenswert, klug, charmant, nachgiebig;
Minuspunkte: mürrisch, vorlaut, eingebildet, uninteressiert.

Der Skorpion-Charakter (24. Oktober – 22. November):
Pluspunkte: geschickt, verläßlich, gescheit, fleißig;
Minuspunkte: ungehobelt, lasch, streitsüchtig, eigensinnig.

Der Schütze-Charakter (23. November – 21. Dezember):
Pluspunkte: mitfühlend, gutmütig, nett, tolerant;
Minuspunkte: unausgeglichen, falsch, angriffslustig, grob.

Der Steinbock-Charakter (22. Dezember – 20. Januar):
Pluspunkte: klug, ausgeglichen, fleißig, ehrlich;
Minuspunkte: hochmütig, labil, egoistisch, zynisch.

Der Wassermann-Charakter (21. Januar – 19. Februar):
Pluspunkte: gastfreundlich, hilfsbereit, geschmackvoll, ehrlich;
Minuspunkte: angeberisch, kühl, eitel.

Der Fische-Charakter (20. Februar – 20. März):
Pluspunkte: human, gerecht, ordentlich, gefühlvoll;
Minuspunkte: eitel, klatschsüchtig, egoistisch, labil.

Sie sehen, wir sagen Ihnen nicht nur gute, positive und angenehme Dinge; wir sagen Ihnen auch alle Negativa, die Ihrem Charakter eignen können. Die Betonung müßten wir hier nun auf das Wort „können" legen, denn es ist natürlich nicht zu behaupten, daß die Eigenschaften – seien sie nun positiv oder negativ – unbedingt in Ihren Charakterzügen vorhanden sein müssen.

Es ist eine rein vergleichsweise Aufstellung, die mit den Jahren und mit den Wissenserfahrungen gezeigt hat, daß die hier genannten Eigenschaften bei den meisten dieser Tierkreiszeichen vorkommen. Aber eben nur bei den meisten.

Letztendlich ist jeder Mensch eine Persönlichkeit und hat eine Individualität. Wenn Sie aber zehn Stiere oder Zwillinge oder Widder kennen, dann werden Sie so ziemlich sicher sein dürfen, daß unter den zehn sieben diese Art der positiven oder negativen Eigenschaften haben. Es ist natürlich auch sehr wichtig, wenn man selber seine Negativa kennt, die wir im Verlaufe der Einzeldarstellungen der Tierkreiszeichen noch viel weiter und detaillierter ausführen werden. Wenn man beispielsweise liest, daß man einen Hang zur Falschheit oder Unehrlichkeit hat, dann soll man deshalb nicht beleidigt sein, sondern sich selbst einmal prüfen. Und zwar auch bezüglich seiner Vergangenheit: Da wird man draufkommen, daß man hie und da eine Falschheit begangen hat. Nun, wenn es einem direkt ins Gesicht gesagt wird, kann dies ja nur von Vorteil sein, denn es könnte dazu beitragen, sich vom Negativen zum Positiven zu ändern. – Man muß bei der Kombination zweier Zeichen natürlich vor allem in das gegenseitige Verhältnis dieser Zeichen zueinander dringen. Dann wird man auch verstehen, die Charaktere zweier verschiedener Personen aufeinander abzustimmen. Sympathie oder Antipathie werden die Vergleichsmöglichkeiten ergeben und die Anlagen der einzelnen Persönlichkeit erfassen. Erst ein derartiger Vergleich wird anzeigen, in welchen Charaktereigenschaften die beiden Personen miteinander übereinstimmen, in welchen sie sich einander widersprechen oder wie weit sie sich sogar abstoßen können. Schließlich wird man daraus auch erkennen, was man tun oder lassen sollte, um mit dem Partner in Frieden und in Liebe leben zu können. Manche, an sich gegensätzliche Eigenschaften können gerade durch ihren Gegensatz förderlich auf die Harmonie zweier Menschen wirken. Zweier-Beziehungen werden natürlich sehr stark vom erotischen Element beeinflußt. Hier scheint es günstig, wenn beide Partner ähnliche moralische Prinzipien, geistige Interessen und auch weltanschauliche Tendenzen haben. Ein sehr musischer Mensch wird darum schwer mit einem rein materiellen Partner auskommen, ein religiöser Partner sehr schlecht mit einem Atheisten.

Hinsichtlich der sexuellen Veranlagung ist die Übereinstimmung sogar eine Voraussetzung für die glückliche Dauerverbindung, der Gegensatz ist dafür eine ernste Gefahr. Ein stark erotisch veranlagter Mann wird mit einer ebenfalls stark erotisch veranlagten Frau glänzend auskommen. Ein Mann mit schwacher erotischer Veranlagung wird mit einer Frau, die gleichfalls eine schwache erotische Veranlagung besitzt, ebenfalls gut auskommen.

Jedoch wird es zwischen einem stark erotischen Partner und einem schwach erotischen Partner wahrscheinlich immer zu einem Fiasko kommen.

Die allgemeine Annahme, daß sich bestimmte Tierkreiszeichen-Typen miteinander verstehen, andere wieder disharmonieren, ist nur bedingt richtig. Jedoch kann die Triebkraft der einzelnen Tierkreiszeichen doch einiges über das Verhalten der in diesem Sternzeichen Geborenen aussagen. Wir unterscheiden im Hinblick auf die Dynamik die Kardinalzeichen, das sind Zeichen, die dazu neigen, andere Menschen oder Partner beherrschen zu wollen. Zu den kardinalen Zeichen gehören Widder, Krebs, Waage, Steinbock. Dann gibt es die festen Zeichen, die auf einmal gefaßten Grundsätzen beharren und nach ihrem vorgefaßten Plan handeln. Sie lassen sich kaum von ihren Ideen abbringen. Dazu gehören: Stier, Löwe, Skorpion und Wassermann. Und schließlich sprechen wir von den beweglichen Zeichen. Diese beweglichen Zeichen sind sehr anpassungsfähig und fast immer zu einem Vergleich bereit. Es sind kompromißbereite Menschen, die sich auf den Partner sehr leicht einstimmen können. Dazu gehören: Zwillinge, Jungfrau, Schütze und Fische.

Abschließend möchten wir noch betonen, daß unsere astrologischen Erkenntnisse nicht das geringste mit Wahrsagerei oder irgendwelchen Zukunftsdeutungen zu tun haben oder auch nur zu tun haben wollen.

Die Jungfrau-Frau

Die Jungfrau-Frau ist ein hochintelligenter Typ mit sehr viel Pflichtbewußtsein. Sie hat Sinn für Menschlichkeit und Verantwortung. Sie scheut vor keiner Arbeit zurück. Im Anfang ist sie scheu und zurückhaltend, tritt sie aber aus ihrer Reserve heraus, ist sie sogar eine ausgezeichnete Unterhalterin. Die Jungfrau-Frau ist eine Analytikerin und zerlegt alles bis ins Detail. Das kann manchmal zu Pedanterie und Nörgelei führen. Sie hat eine ausgezeichnete Beobachtungsgabe und sieht die Dinge klar und deutlich. Sie ist eine äußerst ordentliche Hausfrau, wobei sie manchmal übertreibt. Sie ist eine ausgesprochene Hygiene-Fanatikerin. Manchmal hat man das Gefühl, daß sie das Verstandesleben überbetont und für das Gefühl und das Gemüt zu wenig Raum läßt. Dagegen spricht aber ihr menschliches Verstehen für alle Dinge dieser Welt. Dennoch wirkt sie ein bißchen kühl und spröde. Sie hat vielleicht eine gewisse Angst vor dem leidenschaftlichen Liebeserleben, weil sie fürchtet, die Kontrolle über sich zu verlieren. Aus diesem Grunde findet man unter Jungfrau-Frauen sehr oft ledige Damen. Sie kritisiert und analysiert eben auch ihre eigenen Gefühle. Sie wird immer einen Partner suchen, mit dem sie zusammenarbeiten kann und der ihre intellektuellen Interessen teilt. Jungfrau-Frauen können sehr gut organisieren, Pläne entwickeln, und viele werden hervorragende Modeschöpferinnen.

Die Jungfrau-Frau muß mit der Zeit lernen, zwischen Wesentlichem und Unwesentlichem zu unterscheiden. Sie ist ein Erdzeichen und mag materiellen Wohlstand. Sie neigt dazu, das Geld leicht auszugeben. Sie flirtet gern und erfolgreich, überlegt sich aber sehr lange, ob sie eine ernsthafte Verbindung eingehen soll. Wenn sich eine Jungfrau-Frau ernsthaft verliebt, wäre sie sehr gut beraten, wenn sie diese Liebe nicht analysieren würde! Sie sollte vielmehr jene Saiten in sich aufklingen lassen, die ihre Sensibilität und Warmherzigkeit ausdrücken. Es schadet einer Jungfrau-Frau gar nicht, wenn sie sich einmal richtig und bedingungslos in ihre Liebe fallen läßt. Daß sie dabei hineinfallen könnte, ist nicht vorstellbar, da die Jungfrau-Eva viel zu intelligent ist. Aber man muß einmal das Herz und nicht den Verstand regieren lassen, sonst wird man kein glücklicher Mensch. Das grundlegende Prinzip der Gestaltung des Schicksals ist bei der Jungfrau-Frau das Dienen. Immer und überall ist sie ein opfervoller Diener an der Sache. Das schließt einen Aufstieg zu hohen sozialen Positionen nicht aus. Aber auch dabei wird die Jungfrau-Frau immer dienende Aufgaben erfüllen. Dafür setzt sie ihre ganze Persönlichkeit ein. In puncto Liebe müßte sie etwas für sich selbst tun, sozusagen sich selbst dienen! Dienen, um glücklich zu werden! Im Leben einer Jungfrau-Frau spielt die Partnerschaft eine gewichtige Rolle. Auch über diese zwischenmenschlichen Beziehungen herrscht oft die Vernunft. Es wäre für das Jungfrau-Mädchen ganz schlecht, wenn es eine sogenannte Vernunftehe eingehen würde. Zwar würde diese vielleicht alle Annehmlichkeiten und Bequemlichkeiten des Lebens garantieren, aber es wäre ein Leben ohne Liebe und insofern wohl kaum das wahre Glück.

Die Jungfrau-Frau ist ein sehr treuer Mensch. Vielleicht entspringt diese Treue dem Gefühl der Furcht, sich durch Untreue Unannehmlichkeiten aufzuladen. Aber sicher ist die Treue ein Teil der großen Verläßlichkeit der Jungfrau-Frau. Eine Jungfrau-Frau braucht einen Partner, der sie, wie der Prinz das Dornröschen, wachküßt. Das muß langsam geschehen. Sie hat es nicht gern, wenn man sie in irgendeine dunkle Ecke drückt und dort rasche Zärtlichkeiten mit ihr austauscht oder sie berührt. Sie hat dieses Berühren, sozusagen „unter der Hand", nicht gern. Sie selbst hat Hemmungen, über ihre Gefühle zu sprechen. Man darf bei ihr nicht mit der Tür ins Haus fallen. Alles braucht bei ihr eine gewisse Anlaufzeit. Hat man aber ihre fraulichen Instinkte durch Charme und eine wahre Liebe geweckt, zeigt sich, welche Glut unter dieser anscheinenden Kühle glost. Aber auch diese

Die Jungfrau-Frau wird
nur dann „unvernünftig",
wenn die rosarote Welle
romantischer Liebe kommt . . .

Glut muß langsam angefacht werden. Der richtige Partner wird die Jungfrau-Frau nicht mit seinem Sex überfallen (was sehr viele Frauen äußerst gern haben), sondern er wird sie erst mit einem sehr zärtlichen und liebevollen Vorspiel stimulieren. Die Jungfrau-Frau ist sehr empfindlich an den Innenseiten ihrer Oberschenkel und wird ihre Seele und ihren Körper weit öffnen, wenn sie spürt, daß ihr Mann Sehnsucht nach ihr empfindet. Wenn ein Mann der Jungfrau-Frau so die rosarote Welt der Liebe geöffnet hat, dann wird dieses süße und anscheinend so verständige Mädchen plötzlich „unvernünftig“ – aber im positivsten Sinn. Die Jungfrau-Frau lernt ihre Gefühle kennen. Sie wird in der Liebe beglückt sein, denn sie hat ja nie geahnt, daß die Sinnenfreuden soviel Schönes und Glückliches bedeuten können. Sie tritt dann aus ihrer Reserve heraus und gibt sich ihrem Partner voll hin. Mitunter beweist sie ihm dann, daß sie erotisch sogar sehr raffiniert sein kann . . .!

Der Jungfrau-Mann

Der männliche Jungfrau-Geborene spricht mehr auf intellektuelle als auf gefühlsmäßige Anregungen an. Das ist für die Ehe und die Liebe nicht eben günstig. Der Jungfrau-Mann ist ein recht problematischer Partner, dessen charakterliche Eigenarten, wie zum Beispiel seine Neigung zu Pedanterie, übertriebener Ordnung, allzu großer Nüchternheit und Nörgelei, ein Zusammenleben mit ihm ziemlich erschweren. Der Drang des Jungfrau-Mannes, alles bis ins Detail zu analysieren, ist nichts Negatives und bringt ihm im Leben und im Beruf sicherlich großen Erfolg. Wenn er aber seine Analysen in seine Gefühlswelt und in seine Liebe einbringt, dann wird er sie niemals locker und gelöst erleben können. Dabei ist der Jungfrau-Mann als Diener an einer Sache sehr wohl fähig, Liebe für seine Mitmenschen zu zeigen. Aber diese humanitäre Veranlagung ist nicht jene Liebe, die hier gemeint ist: die Liebe der süßen Zweisamkeit. Um diese süße Frucht kennenzulernen, muß der Jungfrau-Mann alle Selbstkontrolle und Kritik über Bord werfen, natürlich ohne unvernünftig zu werden! Aber jeder Mann, der glücklich werden will, muß sich einmal bedingungslos in das Gefüge seines Herzens und Körpers fallen lassen, um die lebensschöpferische Gewalt des Gebens und des Nehmens in der Liebe kennenzulernen.

Die Arbeit nimmt den Jungfrau-Mann fast total in Anspruch. Er ist stets auf Leistung ausgerichtet, wobei ihm die öffentliche Anerkennung gar nicht so wichtig scheint. Durch seine Arbeit wird er allerdings zu wichtigen Positionen gelangen. Er ist gewissenhaft, überlegt alles sehr klug und wird niemals auf spekulative Unternehmungen eingehen. Das gilt nicht nur für seinen Beruf, sondern auch für sein privates Leben. – Die seelische Verbindung zu seiner Familie und später zu seinem eigenen Heim und seiner Frau ist stark ausgeprägt. Diese psychische Beziehung genügt aber für die Aufrechterhaltung einer Partnerschaft oder einer Ehe nicht. Um es deutlich zu sagen: Zum Zusammenleben von Frau und Mann gehören auch offen bekundete sexuelle Wünsche und deren Befriedigung. Wo dies nicht der Fall ist, wird immer ein kühler Schatten vorhanden sein.

Der Jungfrau-Mann ist durch seine Kritikfähigkeit imstande, Wertvolles vom Wertlosen auf Anhieb zu unterscheiden. Seine Kritik erstreckt sich auch auf seine Mitmenschen, deren kleine Schwächen und verwundbare Stellen er rasch entdeckt und auf die er dann oft ironisch anspielt. Er ist sprachbegabt und hat kaufmännisches und manchmal auch wissenschaftliches Talent. Trotzdem bleibt er immer Diener an einer Sache, und es ist wirklich seine positivste Seite, sich einer Sache unterzuordnen und die Leitung nach außen hin sogar anderen zu überlassen. Vielleicht kommt das daher, daß sein Selbstbewußtsein schwach ausgebildet ist. Auch im praktischen Leben wird seine Sachlichkeit eher negativ auffallen. Er hat eine gewisse Portion Egoismus, den er allerdings im Familienleben im Interesse seiner Angehörigen zurückstellt. Bei keinem Mann im Tierkreis ist die Partnerwahl so wichtig wie gerade bei einem Jungfrau-Mann. – Sie, lieber Jungfrau-Mann müssen immer versuchen, aus Ihrer Passivität herauszukommen und tatkräftiger zu sein. Im Grunde sind Sie ein Mensch, der sorgfältig ausgearbeitete Pläne entwerfen kann und danach handelt. Sie müssen versuchen, aus der Theorie Ihrer Überlegungen in die Praxis einzusteigen. Das Hin und Her zwischen Theorie und Praxis führt oft zu Hemmungen, die eine freie Auswirkung Ihrer Kräfte verhindern oder doch zumindest einschränken. Ihre Arbeitsleistungen werden überall anerkannt, dennoch müssen Sie sich hüten, in Streß zu geraten. Viele Jungfrau-Männer haben das Talent künstlerischer Gestaltungsfähigkeit, viele sind erstklassige Modeschöpfer. Der Jungfrau-Typ wird meist gern gesehen, da er gesellschaftlich sehr gewandt sein kann und oft ausgezeichnet zu unterhalten versteht.

In der erotischen Liebe wirken Sie manchmal auch wie eine

Bei keinem Mann
im gesamten Tierkreis
ist die Partnerwahl so wichtig
wie bei einem Jungfrau-Mann

Jungfrau! Sie sehnen sich nach Liebe und zögern und zaudern dennoch. Da Sie ein Mann von hoher Intelligenz sind, werden Sie es doch selbst schon bemerkt haben, daß die meisten Frauen von einem Mann genommen werden wollen. Dieser Schwung des Eroberers geht Ihnen ab. Sicherlich gibt es viele Mädchen und Frauen, die selbst so sensibel sind, daß sie eine starke erotische Bedrängnis gar nicht wünschen. Aber Sie können ja nicht wissen, ob Sie sich nicht in eine Partnerin verlieben, die völlig gegenteiliger Auffassung ist, der ein Mann nur imponiert, der sich als Draufgänger beweist. Da der Jungfrau-Mann sehr viel Charme hat, wird er diesen als Waffe einsetzen. Charme, Liebenswürdigkeit, Höflichkeit und nicht zuletzt eine große Intelligenz ziehen Frauen immer in ihren Bann. Wenn ein Jungfrau-Mann seine Liebste einmal in den Armen hält, verliert er seine angeborene Zurückhaltung und kann seine wahren Gefühle endlich ausdrücken. Der Jungfrau-Mann wird dann seine seelischen Analysen unterlassen und nur die süße Wärme des Körpers seiner Partnerin spüren wollen. Beide werden dann die Wonnen der Erotik genießen, indem sie ihre Körper erkunden. Mit Herz und Seele. Und bis ins letzte Detail. – Sie werden anderen Menschen gegenüber immer ein Beschützer sein, lassen sich aber auch ganz gern selbst ein bißchen bemuttern. Sie sind anderen Menschen gegenüber aufgeschlossen und haben Verständnis für ihre Probleme. Sie denken sehr sozial. Sie sind äußerst verläßlich und haben eine angenehme Ausstrahlung. Da Sie sehr sensibel sind, benötigt man beim Umgang mit Ihnen viel Einfühlungsvermögen.

Die zusammenfassende Typisierung des Jungfrau-Charakters

Weibliche und männliche Jungfrau-Geborene sind im allgemeinen labil und Störungen von außen stark unterworfen. Dazu kommt noch eine passive Haltung. Der Jungfrau-Mensch ist aber imstande, von den Erfahrungen des Lebens zu profitieren und mit der Zeit Standfestigkeit zu erlangen. Der Jungfrau-Mensch erfaßt intellektuell sehr klar seelische Vorgänge, hat also eine gute psychologische Begabung. Meist steht er in einem gewissen Zwiespalt zwischen Verstand und Gefühl. Daraus kann sich eine sehr schwankende Verhaltensweise ergeben, die von gefühlvoller Anteilnahme zu nüchterner Beurteilung hinüberwechselt. Der Jungfrau-Mann hat eine starke Bindung an die Herkunft, das Elternhaus und seine Heimat. Das Heim ist musterhaft in Ordnung, dadurch aber vielleicht manchmal ein wenig kalt. Jungfrau-Menschen bewahren sich meistens bis ins hohe Alter hinein ihre geistige Frische, wobei sie später den allzu nüchternen Intellekt durch reine Gefühlsmomente verdrängen. Der Jungfrau-Mensch konzentriert sich stark auf die eigene Arbeitsleistung, ist darin sorgfältig, gewissenhaft, mitunter leider pedantisch. Er hat eine große Neigung zum Dienen, versteht darunter die willige Einordnung und Unterordnung in die menschliche Gesellschaft. Er hat ein leicht verletzbares Selbstgefühl, das nicht allzu stark entwickelt ist. Jungfrau-Geborene interessieren sich sehr oft für Medizin und Chemie, andere zeigen in der Modebranche sehr viel Geschick. – Jungfrau-Menschen werden öfters gesundheitlich gestört sein und haben daher einen Hang, diät oder vegetarisch zu leben. Störungen können bei den Verdauungsorganen, der Leber, den Atmungsorganen und den Nerven auftreten. Viele Jungfrau-Menschen sind allerdings auch ein wenig hypochondrisch veranlagt, haben dauernd Furcht vor Krankheiten.

Beziehungen zu Geschwistern und anderen Verwandten spielen oft eine größere Rolle, manchmal aus sehr praktischen Erwägungen. Jungfrau-Geborene machen gern große Reisen, tun dies allerdings mehr aus Wißbegier und um den eigenen Horizont zu erweitern als zum Vergnügen. Das bedeutet aber nicht, daß die Jungfrau-Menschen die Annehmlichkeiten des Lebens nicht zu schätzen wüßten! Großer Lerneifer, überdurchschnittliche Intelligenz und sehr strebsamer Leistungswille verschaffen dem Jungfrau-Menschen meistens eine sehr gute Position im Leben. Begabungen für Literatur, Analyse und Sprachen werden oft festgestellt. Der Jungfrau-Mensch ist sehr friedliebend, kann aber mit seiner Umgebung in Streit geraten, wenn er selbst kritisiert wird. Dabei gehört er zu den größten Kritikern! – Er ist sehr an wirtschaftlichen Fragen, Besitz, Geld und Geldeswert interessiert. Oft übt er wissenschaftliche Tätigkeiten für sehr gute Gehälter aus. Ab und zu leidet der Jungfrau-Mensch an inneren Hemmungen. Obgleich er in schwierigen Lebenslagen meist nicht versagt, kann er zur Resignation neigen. Er will dann den Weg des geringsten Widerstandes gehen. Die Intelligenz des Jungfrau-Menschen ist aber imstande, seine Vitalität wieder anzuspornen und zu energischem Handeln zu veranlassen. – Der Jungfrau-Mensch sucht sich einen intellektuellen Freundeskreis. Es ist ihm zu wünschen, daß er einen Partner findet, der ihm die Annehmlichkeiten des Lebens zeigt. Wenn der Jungfrau-Mensch auf Parties in gesellige Kreise eingeführt wird, entpuppt er sich als ausgezeichneter Unterhalter! Plötzlich sind alle Analysen und Hemmungen weg! Jeder Jungfrau-Mensch hat sehr viel Charme. Bei einem Typ tritt er etwas offener zutage, beim anderen verhaltener. Der Jungfrau-Mensch ist ein Typ, den man unmerklich und behutsam auf eine Sache hinführen muß. Das gilt für seine gesamte Umwelt, für den Beruf, für das Leben und nicht zuletzt für die Liebe. Ein Beispiel: Der Jungfrau-Geborene macht sehr gern große Reisen, weil er sehr lerneifrig ist und sein Wissen vervollkommnen will; wenn jetzt in der Begleitung des Jungfrau-Menschen ein Partner ist, der darauf besteht, nicht nur ins

Der Jungfrau-Charakter
will die angenehmen Seiten
des Lebens sehen . . .

Museum zu gehen, sondern auch einen herrlichen Sonnenuntergang mit anzusehen, der nicht nur ein bekanntes Baudenkmal, sondern auch eine Disco in der Stadt besuchen will, dann macht der Jungfrau-Mann oder die Jungfrau-Frau plötzlich begeistert mit! Und so ist es beim Jungfrau-Menschen immer, auch im Leben und in der Liebe! Man muß ihm nur die Türen aufmachen, hineingehen wird er dann von selbst. Wenn der Jungfrau-Mann von der Arbeit heimkommt und seine entzückende Frau oder Partnerin vor dem Schlafengehen einen raffinierten Striptease hinlegt, wird man staunen, wie vital der Jungfrau-Mann plötzlich wird! Oder wenn eine Jungfrau-Frau abends ins Bettchen steigt und ihr sehnsüchtiger Partner noch mit einem Gläschen Champagner kommt, es mit ihr gemeinsam austrinkt und ein Tröpfchen davon auf ihren Oberschenkel vergießt, es mit der Zunge kosend kostet – dann ist die Jungfrau-Eva plötzlich nicht mehr jungfräulich zurückhaltend, sondern wird eine heiße Frau!

Jungfrau-Menschen werden wegen ihrer Arbeit sehr geschätzt und leisten ihren Mitmenschen oft unentbehrliche Dienste. Sie sind imstande, aus einer Fülle von Informationen Wahrheit und Lüge auszusondern. Sauberkeit und Ordnung ist ihr Grundprinzip. Religion und Moral basieren auf dem Grundsatz des Dienens. Meistens erreichen Jungfrau-Menschen beruflichen und auch materiellen Erfolg dadurch, daß sie etwas gelernt haben. Sie können sehr gut reden und schreiben. Jungfrau-Typen können ausgezeichnete Sekretärinnen sein, aber auch großartige Mediziner und Ernährungswissenschaftler. Im allgemeinen treten sie bescheiden auf, sind sehr zuverlässig und tüchtig. Mitunter können sie auch kleinlich, kritisch und eben zu analytisch sein. Sie hassen jede Unordnung. Sie treten zwar nicht ins Rampenlicht, aber sie üben ihre Macht aus dem Hintergrund aus. Die Liebesbeziehungen des Jungfrau-Menschen sind dadurch gefährdet, daß er sie zerredet. Hier muß der Partner seinen Einfluß geltend machen und den Jungfrau-Geborenen geradlinig, aber behutsam zum Lebenserfolg führen.

Das Liebeshoroskop der Jungfrau-Frau

Die Jungfrau-Frau wünscht sich einen sexuell zärtlichen Widder-Mann

Die Jungfrau-Frau und der Widder-Mann
(21. März–20. April):

Die Partnerschaft zwischen diesen beiden geht von einer geistigen Basis aus und ist von der Art der Temperamente unabhängig. Sonst würden sich Jungfrau-Frau und Widder-Mann nicht oder niemals finden. Der vorwärtsstürmende, impulsive Widder paßt nicht zur klug abwägenden und kritisch denkenden Jungfrau. Die Jungfrau wird den wild vorwärtsstürmenden Widder davon abhalten, in eine Fallgrube zu stürzen, und wenn dies dennoch passiert, garantiert einen Ausweg finden. Allerdings müssen Sie, liebe Jungfrau-Eva, darauf achten, daß das Feuer des Widder-Mannes durch Ihre analytische Gedankenwelt nicht eingedämmt oder gar ausgelöscht wird. Wenn Sie nämlich allzu sehr ins Detail der Lebensführung Ihres Widder-Partners gehen, dann ist das seinem Temperament so konträr, daß er kein glücklicher Mensch mehr sein wird.

Ihre Arbeit verrichten Sie mit peinlicher Sorgfalt, Ihre Aufmerksamkeit gilt selbst dem Detail. Sie arbeiten sehr gründlich, genau und ordentlich. Sie analysieren alles und alle. Das ist manchmal von Vorteil, manchmal von Nachteil. Von Nachteil ist es dann, wenn Sie zur Pedantin werden. Die Jungfrau-Frau muß lernen, zwischen Wesentlichem und Unwesentlichem zu unterscheiden. Sie sind ein Erdzeichen und mögen materiellen Wohlstand. Sie lieben gutes Essen, schätzen Bequemlichkeit und ziehen sich sehr gern gut an. Vielleicht sind Sie in der Modebranche tätig. Sie sind im Grunde sparsam, geben aber manchmal Geld sehr leicht und gern aus. Leider ist Ihr Widder-

Mann genauso veranlagt. Die Folge: Sie haben beide nicht sehr viel Erspartes auf der hohen Kante liegen.

Sie sind eine sehr intelligente Frau, doch Ihr Ordnungssinn kann, weil übertrieben, zuweilen auf Kosten der Gemütlichkeit gehen. Ihre Gefühle sind eher kühl, auf jeden Fall kühler als die des Widder-Mannes. Sie sind sexuell nicht sehr schnell ansprechbar und manchmal spröde. Sie haben auch eine gewisse Angst vor leidenschaftlichem Erleben. Kommt es trotzdem dazu, werden Sie es wie alles zerlegen und analysieren. Liebe kann man aber nicht analysieren! Die Liebe scheint Ihnen ein großes Risiko, zumal Sie sexuell nicht so stark engagiert sind wie zum Beispiel Ihr Widder-Partner. Sie sind in der Erotik fast ein Gegenteil . . . Beweis: Es gibt sehr viele Jungfrau-Frauen, die unverheiratet bleiben. Viele andere sind zwar verehelicht,

aber dann mehr mit dem Kopf als mit dem Herzen. Selbst die Treue der Jungfrau-Frau gründet sich vor allem auf ihr strenges Pflichtbewußtsein und auf die Abneigung gegen seelische Erschütterungen. Sie werden sich immer unter Kontrolle halten und kein Wagnis eingehen wollen. Natürlich wird sich diese mehr passive und vorwiegend rein geistige Haltung der Jungfrau schwer mit dem ganz auf aktive Tat eingestellten Zeichen Widder verbinden. Aber auch hier sind zwei Seiten festzustellen: Der Widder will immer mit dem Kopf durch die Wand; Sie, liebe Jungfrau-Frau, sind aber imstande, die Aktivitäten des Widder-Mannes durch Ihre kühle Überlegung auf große und wertvolle Leistungen hinzulenken.

Sie wollen immer Diener einer Sache sein. Das schließt nicht aus, daß Sie sozial hoch emporsteigen; aber immer wird es bei diesem Aufstieg Erfüllung von Aufgaben zugunsten anderer Menschen geben. Für die Erfüllung dieser Aufgaben setzen Sie Ihre gesamte Persönlichkeit ein. Den größten Teil Ihrer Zeit widmen Sie der Arbeit. Stets sind Sie auf Leistung ausgerichtet. Sie haben eine starke geistige Einstellung, ein wissenschaftliches und sachliches Denken, meist hohe intellektuelle Begabungen. Ihre Interessen neigen zu analytischen Detailforschungen. Sie diskutieren und beschäftigen sich auch mit weltanschaulichen, philosophischen oder religiösen Lehren oder Ansichten. Sie haben eine für Frauen erstaunlich gute Logik. Manchmal ist die Jungfrau-Frau auch schriftstellerisch hoch talentiert. – Die Jungfrau-Frau muß sich hüten, ein reiner Verstandesmensch zu werden, das Gefühlsleben auszuschließen. Genau das würde bei einer Widder-Verbindung eine fast unlösbare Diskrepanz ergeben. Die Jungfrau-Frau muß sich auch davor hüten, dem Widder-Mann ständig gute Ratschläge zu geben. Dadurch würden unerträgliche Spannungen innerhalb der Verbindung entstehen. Versuchen Sie nicht, auch in der Liebe alles einzuteilen, denn das ist für den aktiven, impulsiven Widder-Charakter ein rotes Tuch. Man kann nicht nach Plan lieben! Wenn der Widder-Mann das merkt, zieht er sich zurück und hat auch keine Lust mehr auf Sex. Ist es soweit gekommen, müssen Sie, liebes Jungfrau-Mädchen, die Aktive werden. Stellen Sie Ihre Kritik sofort ein und schalten Sie psychisch ganz auf die erogenen Zonen Ihres eigenen Körpers und des Körpers Ihres Widder-Partners um. Zeigen

Sie ihm, wie zärtlich sich Ihr hübscher Körper streicheln läßt, und er wird sofort begeistert Ihren Intentionen folgen. Ihr Widder-Partner ist ein sehr einfallsreicher Liebhaber und bietet Ihnen alle Variationen der Liebe an, die Sie ohne jede Hemmung sofort akzeptieren sollten. So erfährt die Jungfrau-Frau, wie herrlich und lustvoll die Erotik ist. Sie werden von diesem Augenblick an Ihr Leben ganz anders genießen! Wenn man Sie Ihr scheues Wesen vergessen läßt, können Sie unerhört zärtlich werden. Der Widder-Mann wird Ihr bester Lehrmeister sein. Sie haben ein großes Einfühlungsvermögen und verstehen dann auch, warum Ihr Mann Ihren Sex erweckt hat. Nicht nur zu seinem, sondern auch zu Ihrem Glück.

Befriedigt der Stier-Mann die Jungfrau-Frau?

Die Jungfrau-Frau und der Stier-Mann
(21. April–20. Mai):

Liebe Jungfrau-Dame, Sie sehen die Welt etwas einseitig. Sie lehnen prinzipiell alles ab, was Sie nicht sofort begreifen. Ihr Verstand ist der Dirigent Ihres Lebens. So wirken Sie im allgemeinen etwas unterkühlt. Sie sind auch im Sexuellen so, wenn nicht ein Stier-Mann kommt, der Sie aufwärmt und mit der Zeit heiß macht. Einem Stier-Mann gelingt das bei einer Jungfrau-Frau meistens, und es ist schon erstaunlich, was aus diesem jungfräulichen Mädchen da auf einmal alles wird! Sie können beim Stier-Mann erotisch zügellos werden. Der Stier-Mann bringt Ihnen bei, daß nicht nur der Verstand die Welt regiert. Er lehrt Sie, Ihre Gefühle zu entdecken, Sie werden ihm dafür dankbar und immer treu und ehrlich zugetan sein. Außerdem imponiert Ihnen Ihr Stier-Partner, weil er wie Sie selbst materielle Werte schätzt und erstrebt. Der Stier-Mann ist für die Schaffung von Besitz und Geld direkt geboren. Eine Kombination Jungfrau/Stier ist insofern günstig, als sie eine einheitliche, in sich geschlossene und gefestigte Verbindung schafft. Diese Verbindung kann materiell noch dadurch gefestigt sein, daß Sie und Ihr Stier-Mann geschäftlich eng zusammenarbeiten. Sie sind sehr ordentlich und sauber. Wundern Sie sich aber nicht, wenn der Stier-Mann Sie daheim in Ihrer Ordnungsliebe etwas bremst, damit Sie kein Putzteufel werden! Sie werden von ihm überhaupt viel Positives lernen können. Auch in der Liebe. Der Stier-Mann ist ein idealer Partner, Sie sexuell zu wecken. Die Jungfrau ist dem Merkur untertan, dem Planeten des Intellekts; der Stier wird

Die Jungfrau
beim Gefühleentdecken . . .

von der Venus, dem Planeten der Liebe und Schönheit, beherrscht. Hier stehen Gefühl und Sinnenfreuden gegen Verstand und Vernunft. Da Sie aber beide Erdzeichen sind, finden Sie zueinander durch das gemeinsame Interesse an einem finanziell gesicherten Leben. Außerdem sind nicht nur Sie, sondern ist auch Ihr Stier-Mann ein treuer Mensch. In einer Ehe oder Partnerschaft zwischen Stier und Jungfrau wird es daher niemals Streit der Untreue wegen geben. Sie bekommen bald das Gefühl, daß Sie sich auf den Stier-Mann in jeder Lebenslage verlassen können. Wenn Sie merken, daß er Sie liebt, daß er auch im Bett ein zärtlicher Gefährte ist, werden Sie aus Ihrer Reserve heraustreten und sich ihm voll hingeben. Dabei wird offenbar, daß Sie eine erotisch sehr raffinierte Frau sein können!

Sie sind ein sehr kritischer Mensch und können leicht nörgeln. Das wird der Stier-Mann von Anfang an abstellen. Sie sind dann intelligent genug, Ihre manchmal pedantisch-rechthaberische Art nicht mehr hervorzukehren. – Sie lieben Musik und sind überhaupt künstlerisch begabt. Sie können auch sehr gut schreiben (Goethe war ein Jungfrau-Geborener). Sie stecken voller Ideen und Ideale, lieben den Frieden und haben den aufrichtigen Willen, alles bestens zu machen. Die seelische Bindung an Heim und Familie ist stark ausgeprägt. Der Stier-Mann hat auch erkannt, daß Sie manchmal ein scheues Mädchen sind. Er weiß, daß Sie Hemmungen bekommen, wenn er Sie ein bißchen hart anfaßt. Also wird er eher das Gegenteil tun: Er wird Sie sehr oft in seine Arme nehmen und dadurch Ihr Selbstgefühl stärken!

Wenn Sie verheiratet sind, und es kommen Kinder, gibt es manchmal Streit. Die Stier-Väter sind unerhört liebevoll und zärtlich, aber unsachlich. Sie, liebe Jungfrau-Frau, können leicht böse werden, wenn Sie draufkommen, daß die Unsachlichkeit des Herrn Papa Ihre pädagogische Erziehung unterläuft. Sie bringen nämlich den Kindern von Anfang an Logik und Vernunft bei. Selbstverständlich werden Sie solchen Streit nicht vor den Kindern austragen und garantiert einen Kompromiß finden.

Wenn Ihnen der Stier-Mann die Geheimnisse des Liebeslebens offenbart hat, kann es leicht passieren, daß Sie sich ab und zu umsehen und plötzlich zu flirten beginnen; das ist eine verständliche Reaktion, denn der Stier-Mann hat Sie ja auf den Geschmack gebracht, und Sie möchten natürlich wissen, ob Sie auch anderen gefallen! Der Stier-Mann wird ein bißchen eifersüchtig herumgucken, aber hoffentlich seine Leidenschaft zügeln – in der Erkenntnis, daß es ja wirklich nichts Ernsthaftes ist, was Sie da tun.

Sie leben gern gut und sind den Annehmlichkeiten des Lebens zugetan. Der Stier-Mann wird Ihnen viel Gelegenheit dazu geben, diese Annehmlichkeiten genießen zu können. Sie werden Ihren Partner sehr bald von ganzer Seele und von ganzem Herzen lieben, denn Sie schätzen an ihm seine Großzügigkeit, Offenheit und Wahrheitsliebe. Sie werden beide Parties geben und Geselligkeit bei Freunden suchen. Sie können eine glänzende Unterhalterin sein, wenn Sie in der richtigen Stimmung sind, und auch Ihr Partner ist in Gesellschaft äußerst lustig! Seine Extrovertiertheit steckt Sie mit der Zeit an, und Ihre Fröhlichkeit macht ihn immer wieder neu in Sie verliebt! Meistens feiern Sie daheim noch lange nach. Man sagt zum Beispiel, daß es die Jungfrau-Frau sehr gern hat, wenn der Partner oder der Gatte unvermutet zu ihr in die Badewanne steigt und sie dort streichelt, massiert und erotisch verwöhnt. Dann soll sie ganz aus sich herausgehen und ihrem geliebten Partner Freuden schenken, die er niemals von ihr erwartet hätte. Dann ist das Mysterium geschehen, daß eine zarte, jungfräuliche Jungfrau-Frau zu einem Vollblutweib erblüht ist . . . Kein Wunder, da der Stier-Mann doch im Zeichen der Venus geboren ist . . .! Stier-Männer sind Genießer. Auch der Besitz ist für sie ein Genuß. Und auch Sie als Jungfrau-Frau sind sein Besitz! Wenn einmal harte Zeiten kommen, geht er mit Ihnen durch dick und dünn, und zwar vor Ihnen her, um Sie zu schützen und die härtesten Schläge selbst zu empfangen. Er hat breite Schultern, einen harten Schädel und kräftige Hörner. Und was er sonst noch Kräftiges hat, werden Sie ja inzwischen festgestellt haben . . .

Die erotische Grundstellung beim Sex

Die Jungfrau-Frau und der Zwillinge-Mann
(21. Mai–21. Juni):

Hier stößt ein (meist) rastloser Zwilling auf eine (meist) tugendhafte Jungfrau. Da Sie beide von Merkur beherrscht werden, haben Sie viele gemeinsame geistige Interessen. Sie können beide sehr gut reden, und Sie reden beide sehr viel. Dabei gehen Sie, liebes Jungfrau-Mädchen, mehr ins Detail, während der Zwillinge-Mann seinen Wortwitz spielen läßt. Der Zwillinge-Mann ist für Geselligkeit, Unterhaltung, Flirts und Vergnügen. Sie haben gegen Unterhaltung auch nichts, sind aber ein Muster an hausfraulichen Tugenden. Sie werden da, sehr auf Harmonie bedacht, an seiner Seite zu finden sein, wenn er seine Wege zu Unterhaltung und Vergnügung geht. Unterlassen Sie es, Ihren Zwillinge-Mann allzu oft zu kritisieren, weil er voller Unrast und Sprunghaftigkeit ist. Versuchen Sie diese Untugenden Ihres Partners durch Zärtlichkeit und Liebe, also mit sanften Waffen, zu bekämpfen. Dann werden Sie in sein Leben eine gewisse Sicherheit und Beständigkeit bringen. – Wenn Sie einen Zwillinge-Mann kennengelernt haben, müssen Sie damit rechnen, daß er schon eine recht große Erfahrung und Routine in Sachen Liebe hat. Der Zwilling ist ein Doppelwesen und hat zwei Seelen in seiner Brust. Die reißen ihn hin und her. Manchmal auch rauf und runter. Der Zwillinge-Mann ist ein sehr feinfühliger Liebhaber und erkennt sofort Ihre Mentalität. Er spürt, daß Sie am Anfang eine gewisse Zurückhaltung üben: Sie sind ja schließlich eine Jungfrau! Er fühlt, Sie haben Angst davor, sich zu verlieben. Er ahnt, daß Sie Furcht vor leidenschaftlichem Erleben

Jungfrau mit Zwillingen

haben. Er wird Sie also mit viel Zärtlichkeit, großer Geduld und nur schrittweise in die Freuden der Liebe einführen. Er wird vor allem deshalb behutsam vorgehen, weil er ahnt, daß Sie diese Behutsamkeit mit viel Freude belohnen werden. Seine Liebe zu Ihnen kommt nicht überfallartig, sondern er hüllt Sie förmlich damit ein. Er ist kein Mann, der Ihnen die Kleider vom Leibe reißt, sondern er wird Ihnen beim Ausziehen helfen. Er wird sich viel Zeit lassen und Ihnen zwischendurch manchen zarten Kuß auf den Hals geben oder auf die Schulter. Er weiß, daß Ihre Haut sehr empfindlich ist, und wird Sie zärtlich streicheln. Sie werden bald die Kontrolle über sich verlieren, und das große Glück für Sie ist da! Sie werden aufgelockert und unverklemmt lieben können! Ihr Fehler war es bisher, alles zu analysieren und nur mit dem Verstand zu lenken. Auch in der Liebe sind Sie so vorgegangen. Aber man muß in der Liebe auch manchmal den Kopf verlieren, um richtig glücklich zu werden! Wenn nur der Kopf regiert, werden Sexualität und Liebe zur Pflicht, und dann ist die Liebe in Wirklichkeit gar nicht mehr vorhanden. So aber regieren Ihr Herz und Ihre Sinne, Ihr Körper wird sehnsuchtsvoll nach Ihrem Partner verlangen. Er wird Ihre Sehnsucht stillen. Der Zwillinge-Mann will Sie nicht überfordern. Er wird Sie in der Form und Lage lieben, die man die Grundstellung der Erotik nennt. Wenn Sie sich an die Vertrautheit Ihres und seines Körpers gewöhnt haben, werden Sie völlig aus sich herausgehen. Sie werden plötzlich mit raffinierten erotischen Szenen und Stellungen beginnen. Die meisten Jungfrau-Frauen sind an der Innenseite der Schenkel besonders empfindlich. Der Zwillinge-Mann wird Sie sehr aufreizen, wenn er diese Flächen streichelt und küßt.

Sie werden sich beide immer sehr gut unterhalten können, da Sie beide betont intellektuell sind. Sie werden wahrscheinlich auch ein gemeinsames Hobby darin finden, daß Sie sich der Schriftstellerei widmen. Dieses Hobby kann zum Beruf werden. Sie beide können neue Gedankengänge des anderen rasch erfassen, weil Sie eine große Anpassungsfähigkeit des Geistes besitzen. – Sie müssen sich kontrollieren, liebe Jungfrau-Eva, ob Sie zu jenen Jungfrau-Geborenen gehören, die manchmal an einer gewissen Konzentrationsschwäche leiden. Wenn ja, dann müssen Sie diesen Mangel durch Selbstdisziplin bekämpfen lernen. Der Zwillinge-Mann ist durch seine Rastlosigkeit in Gefahr, sich ständig zu zersplittern; Sie sind jetzt für ihn der Mensch geworden, der ihn zur Konzentration auf das Wesentliche in seinem Leben zwingen kann. Dazu müssen Sie aber zuerst sich selbst besiegt und gefestigt haben. Sonst wird Ihre Ehe oder Verbindung labil und unsicher. Sie sind von Natur aus friedfertig und hilfsbereit. Wenn Ihr Partner in finanzielle Nöte gerät, werden Sie doppelt so viel arbeiten wie bisher, weil Sie ihn nie im Stich lassen würden. Selbst wenn der Zwillinge-Mann an der wirtschaftlichen Krise schuld wäre, würden Sie ihm keinerlei Vorwürfe machen. – Die Zwillinge-Jungfrau-Ehe ist von Anfang an gefährdet; es gibt in dieser Kombination sehr viele

Trennungen und Scheidungen. Das soll Sie nicht abschrecken, sich in einen Zwillinge-Mann zu verlieben, aber Sie sollen wissen, daß gewisse Risiken in späteren Jahren auftreten könnten. Wenn man das im vorhinein weiß, kann man die Wege gegenseitig so legen, daß es zu keinen Zusammenstößen kommt. Ein Zwillinge-Mann wird Sie mit sehr viel Liebe und Zärtlichkeit behandeln, denn er spürt, daß Sie manchmal Angstzustände haben. Sie haben Depressionen und fürchten sich vor Krankheiten und dem Tod. Vielleicht haben Sie deshalb so eine starke Neigung zu pflegerischen oder medizinischen Berufen. – Wie wir den Zwillinge-Mann kennen, wird er Ihnen bei Depressionen einen Kuß geben, ein hübsches Kleid hinlegen und mit Ihnen ausgehen. Er wird alles tun, um Sie durch Theater oder Film, durch Tanz und Vergnügungen von Ihren trüben Gedanken abzulenken. Sie merken sein Bemühen und werden gleich eine liebevolle Gefährtin sein, die sich dem Zwillinge-Mann gern unterordnet, weil Sie erkennen, daß er der Herr im Hause ist, der Mann Ihres Herzens. Sie haben Ihren Zwillinge-Mann sehr lieb, weil er ein brillanter Unterhalter ist und Sie leicht auf andere Gedanken bringen kann. Er ist sehr anpassungsfähig, höflich, taktvoll und hat einen sprühenden Witz, so daß Sie viel zu lachen haben werden. Er sucht und findet sehr rasch persönliche Beziehungen, die auch für Sie interessant sind. Er ist sehr beliebt und steht stets im Mittelpunkt des gesellschaftlichen Lebens. Das imponiert Ihnen und macht Ihr Leben glücklich. Wenn er Sie gefunden hat, wird sogar ein Zwillinge-Mann lernen, was Treue ist. Seine Wechselhaftigkeit wird sich auf Sie allein konzentrieren, und Sie werden in einem Zwilling zwei Männer haben . . .!

Die heißen Finger des Krebs-Mannes

Die Jungfrau-Frau und der Krebs-Mann
(22. Juni–22. Juli):

Sie sind pflichtgetreu und unerhört arbeitsam. Sie lieben die Menschen und wollen ihnen helfen. Sie sind begabt, treu und anständig. Sie haben sehr viel Geschmack und sind manchmal in der Modebranche tätig. Aber Sie nörgeln viel, kritisieren scharf und analysieren streng bis ins letzte Detail. Sie sehen, selbst so eine süße Rose wie Sie hat auch ihre Dornen. – Es gibt sehr sensible und auch weniger feinfühlige Krebs-Männer. Aber empfindlich sind sie alle. Es ist fraglich, ob ein sehr leicht verletzbarer Krebs-Mann die ewigen Analysen, die Nörgelei und die Kritik Ihrerseits auf die Dauer verkraften kann. Er kann sich nur damit trösten, daß Sie ein moralisch hochwertiger Mensch sind und Ihr Herzensanliegen das Dienen ist. Sie sind immer und überall ein Diener an der Sache. Sie tun dies nicht etwa aus einer übertriebenen oder spinnösen Sentimentalität heraus, sondern mit äußerster Korrektheit und Gewissenhaftigkeit. Sie können auch sehr realistisch sein und sind wirtschaftlich und kaufmännisch äußerst begabt. Meistens haben Sie großen finanziellen Erfolg. Wenn sich das Verantwortungsbewußtsein mit ihrer Art, den Menschen zu dienen, verbindet, dann werden sehr viele Jungfrau-Frauen Ärztinnen oder Krankenschwestern. – Selbstverständlich wollen Sie auch dem Krebs-Mann im besten Sinne des Wortes „dienen". Sie haben eine sehr starke Neigung zum eigenen Heim, zur eigenen Familie und wünschen sich nichts sehnlicher, als in der Partnerschaft gemeinschaftliches Glück zu erleben. Wenn Sie Ihre Neigung zum

Kritisieren zu beherrschen wissen, sind Sie weich und anpassend. Auch damit wollen Sie dann dem Ganzen dienen. Wenn sich Ihre manchmal sachlich-nüchterne Art mit dem Gefühl und Gemüt eines Krebs-Mannes verbindet, ergibt sich daraus eine sehr positive und kluge gemeinsame Lebensführung. Ihr Intellekt verbindet sich mit seinem Instinkt. Gemeinsam werden Sie alle Situationen richtig beurteilen können. – Sie sind eine vorzügliche Hausfrau, nur muß der Krebs-Mann achtgeben, daß Sie kein Putzteufel werden. Auseinandersetzungen sollten Sie ausweichen, denn der Krebs-Mann zieht sich sofort in sich selbst zurück, beginnt zu schweigen und kann tagelang den Beleidigten spielen. Der Krebs-Mann ist ritterlich und ruhig, wenn auch höchst sensibel. Er ist gutmütig, hilfsbereit, uneigennützig und geht ganz in seiner Familie auf. Er ist freundlich, zärtlich und besonders häuslich. Das heißt aber nicht, daß er nicht auch sehr gern mit Ihnen ausgeht; schließlich ist er stolz auf seine Jungfrau. Es ist natürlich falsch, wie vielfach behauptet wird, daß Sie ein reiner Verstandesmensch sind. Sie haben sehr viel Gefühl, sind aber eher zurückhaltend. Darum werden Sie sich mit einem Krebs-Mann glänzend verstehen. Sie haben beide viel Herz. Nur tragen Sie es nicht auf den Lippen. Gerade der sensible Krebs-Mann kann Sie durch seine Anpassungsfähigkeit aus Ihrer Zurückhaltung herausholen und Ihnen die schönen Seiten des Lebens zeigen! Auch im Sexuellen kann ein Krebs-Mann eine Jungfrau-Geborene zu einer richtigen Frau erziehen. Seine zärtlich-feurige Natur wird Sie vollauf befriedigen und sehr zu Ihrem Vorteil verändern. Sie werden plötzlich die Freuden der Sinnlichkeit kennenlernen, Sie werden Lust und Wollust erleben, Sie werden Begehrlichkeit und Verlangen spüren und glücklich sein. Auch seelisch. Sie werden draufkommen, daß ein gesundes Liebesleben, das voll befriedigt und ausfüllt, sämtliche Komplexe aus Ihrer Psyche fortschwemmt. Sie werden ein gelöster, glücklicher, lustiger Mensch sein! Wenn der Krebs-Mann sieht, wie sehr seine Liebe Sie verändert hat, wird das sein Selbstbewußtsein stärken, und das ist gerade für ihn äußerst wichtig. Er wird sich bei Ihnen daheim sehr wohl fühlen, denn Sie sind eine ausgezeichnete Köchin. Es ist anzunehmen, daß Sie ihn und sich auf Diät setzen. Das ist gut und gesund. Sie tun es wegen Ihrer ewigen Angst vor Krankheiten.

Würde man so
gar nicht glauben:
Sie ist eine blendende Köchin!

Tatsächlich sind Sie anfällig für Erkrankungen des Magens und des Darms, der Leber und der Nerven. – Der Krebs-Mann wird Sie ein paarmal ermahnen, weil Sie auch in Ihrer Umgebung und bei Ihren gemeinsamen Freunden zu oft kritisieren. Damit will er Sie nicht in Ihrer Energieentfaltung hindern, sondern für Frieden im Haus sorgen. Sie haben also keinerlei Grund, etwa zu resignieren. Denn darin sind Sie dem Krebs-Mann sehr ähnlich: Sie kapseln sich ab und schweigen. Wenn Sie beide Ihre seelischen Gemeinsamkeiten kultivieren möchten, müssen Sie versuchen, möglichst intensive und gemeinsame Interessen zu finden. Wenn Ihr Krebs-Mann nicht selbst draufkommt, dann sagen Sie es ihm, denn Sie sind ihm gegenüber ja immer offen, ehrlich und hundertprozentig verläßlich. Er kann alles mit Ihnen

besprechen und umgekehrt. Der Krebs-Geborene ist ein opferbereiter Mann, der sehr an seinem Elternhaus (besonders an seiner Mutter) hängt und später von rührender Fürsorge für seine Frau und Kinder ist. Außerdem ist er in seinem Beruf sehr tüchtig. Die meisten Krebs-Männer sind künstlerisch begabt und erfolgreich. Der Krebs-Mann ist sehr gerecht und hat hohe ethische Ideale. Oft hemmt ihn innere Unsicherheit, und er zeigt Mangel an Durchsetzungs- und Selbstbehauptungsvermögen. Nur daheim kann er voll aus sich herausgehen und fühlt er sich verstanden. Das ist dann Ihr großes Verdienst, liebe Jungfrau-Frau! Er ist nämlich von seiner Umwelt unerhört stark abhängig. Das kann manchmal gut und manchmal schlecht sein. In Ihrem Fall ist es gut. Er überkompensiert oft seine Schüchternheit und berichtet dann in Gesellschaften sehr viel über sich selbst. Meistens erzählt er von Erfolgen in seinem Beruf, die sich aber erst einstellen werden . . .

Der Krebs-Mann empfindet die Erotik nicht nur als die Sammlung aller Lustgefühle, sondern auch als den Ausdruck der romantischen, seelischen Liebe. Er läßt sich für jedes genußvolle Zusammensein sehr viel Zeit und ist sehr einfühlsam. Seine liebesheißen Finger erahnen förmlich Ihre erogensten Zonen und konzentrieren sich auf diese mit unerhörter Zärtlichkeit und tiefer Empfindung. Er drängt sich nicht auf und wartet, bis Sie ihm zeigen, daß Sie jetzt die völlige Hingabe wünschen und ersehnen. Sein Vorspiel war aber schon so virtuos, daß Sie gar nicht anders könnten . . . Zärtlichkeit und Leidenschaft wechseln sich ab, und der Krebs-Mann verharrt bei der geliebten Frau, bis ihre Gelöstheit auch im Nachhall verklungen ist.

Der Jungfrau-Frau gefällt am Löwe-Mann die Perfektion

Die Jungfrau-Frau und der Löwe-Mann
(23. Juli–23. August):

Der Charakter des Löwe-Mannes ist ritterlich, großzügig und großmütig. Ehrgefühl und Selbstbewußtsein sind die hervorstechendsten Eigenschaften eines Löwe-Mannes. Er steckt sich immer hohe Ziele und will in seinem Leben eine führende Position erreichen. Der Löwe-Mann ist eine Führernatur, weiß das und will es auch. Er ist eitel, geltungsbedürftig und meist ein sehr fleißiger Mann. Seine Energie ist gewaltig, und er hat ein fabelhaftes Organisationstalent. Er ist ein Muster an Pflichterfüllung. Hier ähneln Sie sich beide besonders. Sie sind beide auch treue Menschen. So wie Ihrem kann man auch dem Wort eines Löwe-Mannes unbedingt vertrauen. Sie sind beide verantwortungsbewußt und hilfsbereit. Keiner von Ihnen läßt den anderen im Stich. Manchmal neigt der Löwe-Mann zur Verschwendung, dann werden Sie ihn bremsen. Er will herrschen, und Sie wollen dienen. Auch dieser Gegensatz ergibt eine sehr gute Symbiose zwischen Ihnen beiden. Dabei darf er kein Tyrann und Sie dürfen keine Sklavin sein . . .

Sie haben eine überragende Intelligenz. Das Grundprinzip Ihres Lebens heißt dienen, und Sie denken streng humanistisch. Sie wollen das Gute in dieser Welt unterstützen und menschliche Aufgaben erfüllen. Der großmütige Löwe-Mann findet dafür nur Anerkennung, und er wird Sie in Ihrem Vorhaben voll unterstützen. – Ihre Ordnungsliebe kann zuweilen auf Kosten der Gemütlichkeit gehen. Übertreiben Sie nur nicht! Gefühlsmäßig sind Sie eher kühl, nicht

Die Jungfrau denkt
streng humanistisch

leicht ansprechbar, sexuell schwer zu wecken und daher oft spröde. Wir wissen, daß Sie eine gewisse Angst vor leidenschaftlichem Erleben haben. Die Liebe erscheint Ihnen manchmal als ein zu großes Wagnis, zumal Sie sexuell allgemein nicht so engagiert sind. Sie sind in der Erotik praktisch das echte Gegenteil des Löwe-Mannes. Sie haben eine Abneigung gegen seelische Erschütterungen. Sie wollen sich immer unter Kontrolle halten und kein Risiko eingehen. Natürlich werden sich diese passiven und vorwiegend rein geistigen Eigenschaften von Ihnen schwer mit dem ganz auf aktive Tat eingestellten Löwe-Charakter verbinden. Da Sie eine für Frauen erstaunlich gute Logik haben, werden Sie Ihre eigenen Fehler erkennen! Da der Löwe-Mann eine Persönlichkeit ist, die Ihnen sehr imponiert, werden Sie diese Fehler abstellen. Das können Sie, weil Sie sehr viel Selbstdisziplin haben. Hüten Sie sich davor, Ihre Gefühle zu unterdrücken. Sie würden dann als reiner Verstandsmensch eingeschätzt. Das würde bei einer Löwe-Jungfrau-Verbindung eine Diskrepanz ergeben, die kaum lösbar ist. – Wenn der Löwe-Mann draufkommt, daß Sie die Absicht haben, auch in der Liebe alles einzuteilen, dann wird er knurren und Ihnen die Zähne zeigen. Man kann nicht nach Plan lieben! Sie wollen diesen Mann auf keinen Fall verlieren. Also werden Sie ein bißchen Theater spielen. Sie beginnen plötzlich mit Liebesvarianten, daß Ihr Partner nach Luft schnappen muß! Sie wissen genau die erogenen Zonen an seinem Körper und bei sich selbst aufzuspüren und zu erotisieren. Wenn der Löwe-Mann auf dieses Liebesspiel eingeht, ist es allerdings mit Ihrem Theater zu Ende, denn er wird Sie nach kurzer Zeit derartig stimulieren, daß Sie sich seinem sexuellen Bann nicht mehr entziehen können. Er kann das perfekt! Und gerade die Perfektion lieben Sie an ihm über alles. Wenn dann alle Dämme brechen, alle Hemmungen fallen und beide Liebe verströmen, werden Sie mit einem Male merken, wie herrlich die Erotik ist! Sie werden plötzlich Ihr Leben unter einem ganz anderen Aspekt sehen und vor allem genießen. So hat der König auf königliche Weise seine Jungfrau zur Frau gemacht, die ihn nun bitten wird, seine Liebe immer wieder zu erneuern.

Der Löwe-Geborene ist ein kluger Mann und wird auch Ihnen ein Stückchen Herrschaft übergeben: nämlich die über das Heim. Er weiß, daß Sie eine ausgezeichnete Gastgeberin sind, die immer wieder beweisen kann, daß sie alles andere als lebensfremd ist. Sie gehen auch gern mit dem Löwe-Mann aus und ziehen sich elegant und geschmackvoll an. Er wird dann ganz stolz auf seine kleine Jungfrau-Frau sein. Er fühlt sich überhaupt bei Ihnen besonders wohl und geborgen, weil Sie sich in vollster Aufrichtigkeit um ihn sorgen und er das merkt. Er schätzt Ihre Häuslichkeit und Warmherzigkeit, Ihre große Toleranz und Ihren Ideenreichtum. Der Löwe-Mann hat viel Familiensinn und ist seelisch meistens an seinen Vater gebunden. Er möchte ein komfortabel und repräsentativ eingerichtetes Heim haben. Der Löwe-Mann lebt gern und will an Vergnügungen, Festlichkeiten, Theater, Kino und an der Kunst in jeder Form gemeinsam mit Ihnen teilhaben.

Seine Gefühle für Sie sind stark und sexuell leidenschaftlich, wobei er aber an Sie seelisch sehr stark gebunden sein muß. Er will die Frau seiner Liebe erobern. Er wird in seiner ritterlichen Art erfolgreich um Sie werben. Er sucht sich als Partnerin fast immer nur eine gutaussehende, attraktive Dame aus, die er in jeder Gesellschaft herzeigen kann. Wenn Sie es wünschen, wird er Ihnen jeden möglichen Luxus bieten und Sie verwöhnen. Wenn Sie mit anderen Männern flirten, dann geben Sie acht, denn der Löwe-Mann ist sehr eifersüchtig! Er wird wie ein richtiger Löwe die mächtige Mähne schütteln und die Krallen zeigen. Er ist ein Feuerzeichen und unter der Herrschaft der Sonne geboren, das sagt alles! Er ist ein echter Individualist und will auch als solcher behandelt werden. Er hat die Neigung, Entscheidungen selbst zu treffen. Damit fahren Sie nicht schlecht, denn er ist ehrlich, aufrichtig und verläßlich, und seine Entscheidungen werden immer großzügig und anständig sein. Bevor er Entscheidungen trifft, wird er sich mit Ihnen beraten, weil er Ihre Intelligenz schätzt. – Ihr Löwe-Mann will stets im Scheinwerferlicht und ganz vorn an der Rampe stehen. Sie überlassen ihm diesen Platz mit Freude, denn Sie sind selbst gar nicht darauf aus. Sie lernen allerdings mit der Zeit, von hinter den Kulissen aus zu regieren, ohne daß das die anderen merken! – Ihr Löwe-Mann hat starke geistige Einstellungen, hohe Ideale und einen ausgesprochenen Sinn für Recht und Unrecht. Deshalb werden Sie ihm immer das letzte Wort lassen. Aber wie dieses Wort lauten wird, soufflieren Sie! Er wird Sie leidenschaftlich und mit starkem Gefühl lieben. Kritisieren Sie ihn nie, das ist Majestätsbeleidigung. Sagen Sie ihm lieber, daß Sie mit ihm sehr glücklich sind, und er wird schnurren wie ein Kater . . .

Die sexuellen Spielchen zweier Jungfrau-Geborenen

Die Jungfrau-Frau und der Jungfrau-Mann

Wenn sich Jungfrau-Frau und Jungfrau-Mann finden, dann besteht die Gefahr des gegenseitigen Kritisierens. Wenn dies von beiden Seiten eingestellt wird, kann eine sehr solide, erfreuliche und positive Gemeinschaft entstehen. Sie haben beide den gleichen Ordnungssinn und können auch viel miteinander lachen. Da Sie bis ins letzte Detail analysieren, werden Sie sich für Ihr gemeinsames Leben eine Disposition machen, auf Jahre hinaus einen Plan bis ins letzte Detail entwerfen! Der Plan wird allerdings einige Male geändert werden müssen, denn das Leben spielt ja nicht immer so, wie Sie es wünschen! – Es wäre gut, wenn Sie beide, da Sie sehr viel Verstand haben, gemeinsam in einem Beruf arbeiten könnten. Wenn dieser Beruf mit dem „Dienen an der Sache“ zu tun hat, wäre es noch besser. Dies würde zum Beispiel bei einer Verbindung zwischen einem Arzt und einer Krankenschwester oder zwischen Arzt und Ärztin zutreffen. Ein Modeschöpfer könnte sich auch mit einer Modzeichnerin finden. Talente sind ja bei Ihnen beiden genug vorhanden.

Zwischen zwei Jungfrau-Menschen muß neben der Liebe auch eine kameradschaftliche Freundschaft bestehen. Zwischen Ihnen kann insofern eine „Vernunftehe“ geschlossen werden, als Sie erkennen, daß bei Ihnen die wenigsten Schwierigkeiten bestehen. Dazu sind Sie sich eben zu ähnlich. Und jeder von Ihnen hat gewisse negative Eigenheiten an sich, die wieder nur ein anderer Jungfrau-Mensch verstehen kann. Sie ertragen auch viel besser als jemand aus einem anderen Tierkreiszeichen, daß Sie beide so sehr analytisch denken.

Das resultiert aus Ihrem starken Bedürfnis nach Genauigkeit. Sogar Pedanterie ist Ihnen nicht unbekannt. Dennoch haben Sie beide natürlich auch hervorragende Eigenschaften, z. B. Treue, Häuslichkeit, Friedfertigkeit und Kameradschaftlichkeit. Sie sind beide pflichtbewußt und hilfsbereit, mitfühlend und tolerant. Sie können musisch fühlen und offen reden. Sie sind strebsam und haben ein gutes Herz. Da Sie noch dazu beide hochintelligent sind, könnte jeder beim anderen die positiven Charakterzüge fördern! Immer wieder! So könnte es – steter Tropfen höhlt den Stein – bei Ihnen mit der Zeit sogar zu einer Idealverbindung kommen! –

Es könnte passieren, daß Sie die sexuellen Beziehungen zwischen Ihnen als „eheliche Pflicht" ansehen. Davor müssen Sie sich beide sehr hüten. Wenn eine Liebe zur Pflicht wird, ist sie keine Liebe mehr . . .! Sie gehen dann an den innigsten Empfindungen nicht nur Ihres Körpers, sondern auch Ihrer Seele vorbei! Die Arbeit wird den größten Teil seines und Ihres Lebens einnehmen. Sie sind beide stets auf Leistung ausgerichtet und ganz besonders bemüht, auch in allen Details überaus korrekt und gewissenhaft zu sein. Legen Sie einmal die Arbeit nieder und die Korrektheit ab und beginnen Sie sich ordentlich zu lieben! Sie geraten beide in die Gefahr, Ihre körperlichen Kräfte durch zuviel Arbeit zu erschöpfen. Sie haben beide – trotz Ihrer Hypochondrie – eine großartige körperliche Widerstandsfähigkeit gegen Krankheit und Mühen. Warum? Weil Ihr Geist diszipliniert ist. Sie sehen also, daß der Körper bei Ihnen eine sehr große und gewichtige Rolle spielt. Geben Sie dem Geist, was des Geistes ist, und dem Körper, was des Körpers ist. Ihre Zurückhaltung macht Sie nicht glücklicher! Versuchen Sie als Jungfrau-Eva Ihren Jungfrau-Adam richtiggehend zu verführen! Was andere Frauen können, können Sie auch. Sie wissen, daß Sie hübsch sind und eine gute Figur haben, und damit verfügen Sie über die Waffen einer Frau! Sie wissen, daß die Innenseiten Ihrer Oberschenkel sehr empfindlich sind und gern gestreichelt werden wollen! Sie können sich schon beim Abendessen oder bei einem Gläschen Wein so hinsetzen, daß Ihr Hausrock auseinanderfällt und er diese hübschen Schenkel sehen kann! Sie werden es doch fertigbringen, Ihren Mann oder Ihren Partner zu stimulieren, oder? Er hat es wiederum sehr gern, wenn man ihn im

Genick krault; also tun Sie es! Zeigen Sie ihm, daß Sie mit ihm ins Bett gehen wollen, und beginnen Sie sich auszuziehen; aber nicht so wie in der Badeanstalt, sondern viel langsamer und verlockender. Er wird überrascht sein, was Sie plötzlich für eine tolle Wäsche haben: Das winzige Spitzenhöschen zeigt mehr als es verbirgt . . . Bitten Sie ihn, daß er gemeinsam mit Ihnen ins Bad geht und Ihnen den Rücken wäscht. Sie haben für Rückenmassagen sehr viel übrig, besonders wenn sie mit einer weichen Bürste geschehen. Machen Sie es dann mit ihm genauso – nur statt auf dem Rücken auf seiner Brust, und Sie werden plötzlich deutlich erkennen, daß er bereits Sehnsucht nach Ihnen verspürt . . . Nützen Sie den Augenblick und bieten Sie ihm den Apfel der Eva: Er wird bestimmt hineinbeißen und mit Ihnen den schönsten Sündenfall der ganzen Welt ausführen.

Die seelische Bindung der beiden Jungfrau-Geborenen an ihre Eltern und später an das eigene Heim und die eigene Familie ist meistens sehr ausgeprägt. Der sonst etwas dominierende Egoismus wird in diesen persönlichen Beziehungen aufgegeben. – Sie sind beide bestrebt, hinter die Geheimnisse der Welt zu kommen. Sie haben einen gewissen Hang zum Mysteriösen und zum Okkultismus. Allerdings wird Ihr Intellekt immer als Kontrollorgan fungieren. Freundschaftliche und gesellschaftliche Beziehungen treten bei Ihnen beiden auch ziemlich stark hervor. Vielleicht gründen sich diese mehr auf gemeinsame intellektuelle Interessen als auf Gefühlsharmonie. Auch die Freunde sind meist intelligente Menschen. Vermeiden Sie bei Ihren gemeinsamen Freunden eine zu harte Kritik. Verletzen Sie sich nicht gegenseitig. Dafür sind Sie beide zu empfindlich. Gerade dies könnte den Gefühlskontakt stören. – Sie haben beide viel Sinn für die Erziehung Ihrer Kinder. Die Kinder werden mit Logik und Vernunft erzogen. Trotzdem müssen Sie versuchen, allzu viel Sachlichkeit zu vermeiden. Kinder brauchen auch Romantik. – Ihr Heim wird musterhaft in Ordnung sein, aber gerade dadurch vielleicht ein bißchen kühl. Eine solche Atmosphäre wäre für Ihr erotisches Zusammenleben auch nicht gerade das Beste! Schmücken Sie das Heim deshalb mit Blumen und mit schönen, wertvollen Dingen. Ihr Mann wird schon mitmachen! Versuchen Sie beide gegenseitig, Ihre persönliche Durchschlagskraft und Willensentfaltung zu stärken.

Heraus aus Ihrem reservierten Verhalten! Ihre geistige Einstellung ist sehr betont, Sie verfügen über ein wissenschaftlich-sachliches Denken und haben meist eine hohe intellektuelle Begabung. Zum Abschluß raten wir Ihnen nochmals: Lassen Sie in eine Jungfrau-Jungfrau-Verbindung mehr Triebhaftes einfließen, dann werden Sie die einmaligen Wonnen der Liebe doppelt genießen.

Die Körperpflege vor der Liebesstunde

Die Jungfrau-Frau und der Waage-Mann
(24. September–23. Oktober):

Ihr Waage-Mann ist ein ausgewogener und abwägender Charakter. Er versucht immer auszugleichen. Er bildet das Zünglein an der Waage und ist bestrebt, überall Frieden und Ausgeglichenheit zu stiften und zu finden. Der Waage-Mann ist ein Kardinalzeichen, nämlich ein Luftzeichen, und wird von der Venus beherrscht. Wir wissen, daß dieses Zeichen der Liebe Charme und Anmut verleiht. Der Waage-Mann wird sich immer als Kavalier zeigen. Sein ganzes Wesen ist stets darauf angelegt, Kontakt zu suchen und zu finden. Den Kontakt zur Öffentlichkeit genauso wie den Kontakt zu seiner Geliebten oder seiner Partnerin oder seiner Frau. Der Waage-Mann ist allgemein sehr sympathisch. Er kann nicht allein leben, braucht unbedingt Geselligkeit und Gesellschaft. Vor allem aber braucht er die starke erotische und seelische Verbindung zu seinem Geschlechtspartner. Er möchte mit Ihnen, liebe Jungfrau-Frau, liebend gern luxuriöse Lokale aufsuchen und dort mit Ihnen protzen. Denn wenn er Sie heiratet oder als Partnerin nimmt, ist er sehr stolz auf Sie. Es erhebt sich die Frage, ob Sie und der Waage-Herr auf Dauer zusammenpassen. Auf Anhieb müßte man dies eigentlich verneinen. Eine Verbindung zwischen Ihnen und einem Waage-Mann ist nur dann positiv, wenn auf beiden Seiten die Vorzüge des Partners besonders gewürdigt und seine Fehler übersehen werden können. Das ist allerdings nicht leicht! Ihr Waage-Erkorener, der unter dem Zeichen der menschlichen Beziehung steht, ist anpassungsfähig und großzügig, liebenswürdig und freundlich. Aber er kann auch egoistisch, überheblich und launenhaft sein. Diese und noch andere negative Charakterzüge Ihres Waage-Mannes müssen Sie tolerieren, liebe Jungfrau-Frau, wenn es zwischen Ihnen klappen soll. Und er muß an Ihnen auch nicht nur Ihre Freundlichkeit und Herzlichkeit erkennen, nicht nur wissen, daß Sie am liebsten jedem anderen Menschen helfen wollen – er muß sich auch damit abfinden, daß Sie sehr kühl und kalt sein können, scharf kritisieren und nörgeln. Wenn Sie also beide in Ihrem Gegenpol nur die Vorzüge sehen und die Nachteile ignorieren, kann es wirklich zu einer guten und liebevollen Beziehung zwischen Ihnen kommen.

Ihr Mann ist in der Öffentlichkeit sehr beliebt, braucht aber selbst auch diese Öffentlichkkeit, weil er eitel und geltungsbedürftig ist. Der Waage-Mann ist bekannt dafür, daß er die besten Beziehungen anknüpft, und zwar auf Gesellschaften oder auf Reisen. Sie sind ein bißchen eifersüchtig, liebe Jungfrau-Frau, müssen aber auch zur Kenntnis nehmen, daß der Waage-Mann sehr gern flirtet. Es ist zu neunundneunzig Prozent nichts Ernsthaftes dabei, aber es kränkt Sie. Da er aber einer tiefen und echten Liebe absolut fähig ist, brauchen Sie nicht wirklich zu fürchten, daß er fremdgehen könnte. Wenn ein Waage-Mann echt und von Herzen liebt, ist er auch treu. – Er wird immer bemüht sein, Sie, liebe Jungfrau-Frau, in seine geselligen Kreise einzuführen, und er wird Sie dort wie etwas Kostbares behandeln und präsentieren. Seine liebenswürdigen Umgangsformen bezwingen und bezaubern seine ganze Umwelt. Dadurch erreicht er auch sehr viel. Das gesellige Leben nimmt bei ihm überhaupt einen breiten Raum ein. Das stört Sie ein bißchen, denn Sie sind mehr für den häuslichen Kreis. Die gefühlsmäßige Anteilnahme am Erleben anderer Menschen ist bei Ihnen beiden sehr stark entwickelt.

Ihr Waage-Mann ist ein Genießer. Er neigt in allen Lebenslagen zum Genuß. Er ist auch besitzergreifend. Von Ihrem Waage-Mann können Sie lernen, das Leben in vollen Zügen zu genießen. Das bezieht sich auch auf Ihr erotisches Zusammenleben. Der Waage-Mann ist ein sehr feuriger Liebhaber, während Sie viel tugendhafter sind. Gegen Tugend kann kein Mensch etwas einzuwenden haben, wohl aber gegen allzu Tugendhaftes! Wenn Sie im Sex zu kühl sind, wird Sie der Waage-Mann verlassen. Gegen Ihre angeborene Zurück-

Der Waage-Mann lehrt sie das Leben zu genießen

haltung gibt es ein sehr gutes Rezept: Denken Sie doch immer daran, daß die Erotik Ihren Mann glücklich machen soll! Denken Sie nicht an sich selbst, sondern immer nur an den Partner! Dann werden Sie sich ihm hingeben, weil er dabei glücklich ist; dann werden Sie ihn streicheln und liebkosen, weil er froh darüber ist! Dann werden Sie nicht langweilig und kühl sein, sondern in Ihrem Bemühen, ihm Freude zu machen, leidenschaftlich und heiß werden! Und plötzlich geschieht das große Wunder: Sie genießen mit! Auf einmal sind Sie glücklich in Ihrer sexuellen Erregung, geben ihm seine Liebe hundertfältig zurück, genießen die Freuden seines Körpers und – sind eine voll befriedigte und glückliche Frau geworden.

Theater und Kunst, Musik und Malerei, Bildhauerei und in kleinerem Rahmen alle Berufe, die der Pflege der Schönheit und des guten und geselligen Lebens dienen, stehen vorne an in der Gunst des Waage-Mannes. Durch ihn bekommen Sie die Chance, Ihre eigene Persönlichkeit weiterzuentwickeln. Mit seinem Optimismus lockt er Sie aus Ihrer Zurückhaltung. Seine Beherrscherin, die Venus, gibt Ihrem verstandesmäßig geleiteten Charakter Wärme und Gefühl. Kommt es zu irgendwelchen Differenzen, ist der Waage-Mann gerecht genug, die Wertigkeit der Dinge abzuwägen und zu versuchen, von sich aus wieder den Ausgleich zu schaffen. Sie, liebe Jungfrau-Frau, werden sich in einer solchen Situation nicht abkapseln und verstockt sein, sondern ihm entgegenkommen, weil Sie wissen, daß er unter jeder Spannung leidet. Sie sehen also, eine Verbindung zwischen Ihnen beiden ist gar nicht so komplikationslos, aber gerade Sie können durch Ihr großes menschliches Verstehen dazu beitragen, daß hier doch ein schöner, menschlicher und harmonischer Akkord aufklingt. Eine Versöhnung wird am besten dadurch beschleunigt, wenn Sie ihm am Abend sagen, daß Sie Sehnsucht nach ihm haben. Da Sie auf Reinlichkeit sehr großen Wert legen, werden Sie vor der Liebesstunde in die Badewanne steigen; der erotische Waage-Mann sieht Ihren Körper gern nackt und wird wie zufällig in das Bad nachkommen. Richten Sie es so ein, daß Sie gemeinsam unter die Brause oder in die Wanne steigen. Das prickelnde Wasser wird Sie beide stimulieren, und die Nacht der Versöhnung kann beginnen . . .

Die aggressive Sexualität des Skorpion-Mannes

Die Jungfrau-Frau und der Skorpion-Mann
(24. Oktober–22. November):

Wenn Sie, liebe Jungfrau-Frau, bei dem Wort „aggressiv" in der Überschrift erschrecken, so ist das nicht ganz begründet, handelt es sich bei einer Beziehung zu einem Skorpion-Mann doch um eine günstige Kombination. Erd- und Wasserzeichen ergänzen sich positiv. In Ihrem Fall bezieht sich das besonders auf Ihre beiderseitigen geistigen Fähigkeiten! Es stört den Skorpion-Mann nicht, daß Sie alles analysieren, denn er selbst will immer alles erforschen. Durch diese Fähigkeiten würden Sie beide berufsmäßig eine hervorragende Crew bilden. Der Skorpion-Geborene ist ein erfolgreicher Mann, zu dem Sie mit Bewunderung aufblicken. Das heißt natürlich nicht, daß er Sie zu seiner leibeigenen Sklavin machen will. Im Gegenteil: Er respektiert Ihre Rechte außerordentlich. Aber Sie selbst mögen ganz gern, wenn Ihr Mann in sehr vielen Dingen das Sagen hat. Hier kommt vielleicht eine kleine masochistische Ader von Ihnen zum Vorschein.

Lassen Sie sich durch Ihre Umwelt, Ihre Freundinnen, Freunde und Bekannten an Ihrem Skorpion-Mann nicht irremachen. Wenn Ihre Umgebung erfährt, daß Sie sich einen Skorpion-Mann ausgesucht haben, wird sie Ihnen ihre sogenannten guten Ratschläge geben wollen. Es wird auf einmal heißen: „Um Gottes Willen, gerade einen Skorpion hast du dir aussuchen müssen!?" Daß der Skorpion giftig, böse und tückisch sein soll, ist ein Märchen. Es sind Vorurteile aus dem vorigen Jahrhundert. Sie entspringen der Scheu und der Furcht des Menschen vor dem Skorpion-Tier. Es ist die tiefwurzelnde Angst vor Skorpionen, Schlangen oder Fledermäusen. Der Skorpion-Geborene ist ein willensstarker, energischer, meistens sehr großzügiger, ausgesprochen guter Charakter! Er verbindet in sich einen kraftvollen Willen und ein sehr starkes Gefühlsleben. Der innere Kampf dieses Mannes geht darum, ob der Wille das Gefühl beherrscht oder umgekehrt. Er kann sich mit aller Leidenschaft seiner Wollust und seinem Herzenstrieb hingeben, auf der anderen Seite Arbeit und Pflichterfüllung als Primat ansehen. Sture Zielstrebigkeit wird von seiner Sehnsucht nach sinnlicher Lust unentwegt abgelöst. Der Skorpion-Mann ist sehr intelligent und sich seiner inneren Problematik bewußt. Er tarnt seine Ansichten nach außen hin, um seine Macht um so unbemerkter auszuüben. Er ist ein Mann, der dem Geheimnisvollen und Mystischen zugeordnet ist. Er möchte gern in die Geheimnisse des Okkulten eindringen und die sexuellen Mysterien in sich und in Ihnen, liebe Jungfrau-Frau, aufklären. Deshalb sein großes, starkes erotisches, leidenschaftliches und aggressives Interesse an Ihnen und Ihrer Erotik. Diese ist ein sehr heikler Punkt: Sie haben manchmal den Hang, kühl und prüde zu sein. Der Skorpion-Mann ist überaus leidenschaftlich. Er will Sie nehmen, wie ein Mann eine Frau eben in Besitz nimmt! Er will Sie packen, fühlen, spüren! Schreien Sie jetzt nicht „Au!“, und stoßen Sie ihn nicht zurück! Beginnen Sie ihn zärtlich zu liebkosen, mit Ihren Händen, mit Ihrem Mund, mit allem, was Sie haben . . . Lenken Sie seine angriffslustige Hitze durch Ihre eigene sinnliche Zärtlichkeit ab! Sagen Sie ihm, daß Sie seine Zärtlichkeit ersehnen, daß Sie es lieber haben, wenn er Sie in seine Liebe einhüllt, als wenn er Sie darin erstickt! Sagen Sie ihm, daß Sie wissen, wie zärtlich er liebkosen kann, und sagen Sie ihm das alles weich und hingebungsvoll. Sie appellieren damit an seine Ritterlichkeit, aber auch an seine Eitelkeit. Er wird Ihnen nun beweisen wollen, daß sein Sex absolut nicht aggressiv ist, und wird Sie so lieben, daß auch Sie empfänglich und entgegenkommend sein werden. Für seine erotischen Künste werden Sie eine sehr gelehrige Schülerin sein und vielleicht bald den Meister übertreffen . . .

Aber nicht nur im Bett, auch im Leben werden Sie sich sehr gut verstehen: Ihre scharfe Intelligenz trifft sich mit der Art seines Denkens. So können Sie geistig gemeinsam zu den tiefsten Wurzeln unseres Daseins vordringen. Hier werden wieder Ihre übergenaue Analytik und sein großer Forschungstrieb Ihre Verbundenheit noch mehr vertiefen. – Im Wirtschaftlichen sind Sie beide nicht verschwenderisch und werden sich bemühen, etwas auf die hohe Kante zu bringen. Sie beide legen großen Wert auf finanzielle Absicherung. – Der Skorpion-Mann vermag allen seinen Mitmenschen die verborgensten Geheimnisse zu entlocken. Sie geben sie offen preis. Der Grund liegt in seiner Psyche, die die inneren Zusammenhänge innerhalb eines anderen Menschen errät und erahnt. Der Skorpion-Mann ist ein geheimnisumgebener Mensch und, was seine Person

anbelangt, völlig verschwiegen. Dies dehnt er auch auf seine Partnerin aus. Er wird niemals eins Ihrer Geheimnisse anderen preisgeben. – Als Gegner ist er nicht zu unterschätzen. Er denkt lange an Rache, wenn er wirklich verletzt worden ist. Der Skorpion-Mann wird sich auch nicht verstellen. Er sagt es offen jedermann, ob er ihm sympathisch oder unsympathisch ist. Er verhält sich auch entsprechend. – Der Skorpion-Mann macht Sie, liebe Jungfrau-Frau, sehr selbstsicher, und es kann passieren, daß Sie dann mit anderen Männern flirten, um zu sehen, ob Sie auch ihnen gefallen. Einerseits ist der Skorpion-Mann stolz, wenn Sie auch anderen gefallen, auf der anderen Seite aber kann er eifersüchtig werden. Treiben Sie es also nicht auf die die Spitze, zumal Ihre Hinwendung zu anderen Männern sowieso nicht ernst gemeint ist! Sie bleiben Ihrem Skorpion-Mann absolut treu. – Seine Bindung an Sie ist besonders stark. Das hindert aber nicht, daß es zu Konflikten kommen kann und kommen wird. – Sie haben beide die Tendenz, an der einmal eingegangenen Bindung festzuhalten. Diese positive Tendenz wird, wenn Kinder kommen, noch verstärkt.

Die Tabus der Jungfrau-Frau beim Geschlechtsverkehr

Die Jungfrau-Frau und der Schütze-Mann
(23. November–21. Dezember):

Wenn Sie glücklich werden wollen, müssen Sie beide sehr viel Verständnis füreinander aufbringen. Der Schütze ist ein Jäger, und zwar ein Schürzenjäger. Mag er sich bei Ihnen noch so wohl fühlen, er wird seine Blicke umherschweifen lassen und jedem Paar hübscher Beine nachsehen. Natürlich macht Sie das eifersüchtig. Sie müssen dann verschiedene Tricks versuchen. Wenn der Schütze-Mann zum Beispiel ehrlich davon überzeugt ist, daß Sie ihn mit ganzer Seele, aber auch mit Ihrem Körper lieben, wird er diese Liebe ehrlichen Herzens erweitern, seinen Leichtsinn bremsen. Zweitens müssen Sie mit ihm nicht streiten, sondern ihm sanft auseinandersetzen, wie sehr Sie sein Verhalten kränkt. Und dann – überraschen Sie ihn! Versuchen Sie einmal, ihn zu verführen. Er fliegt hundertprozentig darauf hinein. Wenn Sie vor ihm einen eleganten Striptease hinlegen, fällt er Ihnen zu Füßen, ja mehr noch: Dann verfällt er Ihnen unverzüglich ganz. Sie brauchen kein schlechtes Gewissen zu haben, daß sie dem Mann Ihres Herzens Theater vorgespielt haben. Es war ja erstens nur zum Teil Theater, und zweitens haben Sie damit nur Ihre Partnerschaft retten wollen – und sicherlich auch gerettet!

Sein idealistischer, oft übersteigerter Schwung, sein Drang, in der Öffentlichkeit positiv aufzufallen, sein Geltungtrieb – das alles wird durch Ihre Logik normalisiert. Er anerkennt Ihren großen Verstand und läßt sich von Ihnen auch etwas sagen, was bei einem Schütze-Mann äußerst selten ist. Er merkt schon nach kurzer Zeit genau, was er an Ihnen hat. Da Sie beide Individualisten sind, müssen Sie beide gemeinsam Ihre eigene Welt aufbauen. Eine Welt, die Sie schön und richtig finden. Das liegt an Ihren eigenen Persönlichkeiten. Während Sie vernünftig urteilen, handelt Ihr Schütze-Mann spontan und impulsiv, oft ohne Überlegung und Logik. So ist es bereits am Anfang. Die Verbindung zwischen Ihnen wird zurücknehmend mit Problemen belastet sein, wenn nicht einer von Ihnen den Versuch macht, sein Wesen zu ändern. In diesem Fall wird es sicher der Schütze-Mann sein müssen. Er ist sehr anpassungsfähig, und Sie haben ihm bisher bewiesen, daß Sie richtiger handeln und denken als er. Aber sagen Sie ihm das niemals! Er würde in seiner männlichen Eitelkeit tief verletzt sein und sich wahrscheinlich seine Selbstbestätigung bei anderen Frauen holen. Lassen Sie in all diesen Dingen Diplomatie walten, denn er lehnt jede Einschränkung seiner Freiheit ab. – Auch in den finanziellen Dingen sind Sie vorsichtiger als er. Der Schütze-Mann neigt zur Verschwendungssucht. Für Ihre Charakterbildung ist es gut, daß der Schütze-Mann dem Leben gegenüber eine positiv-bejahende Haltung hat. Er ist von großem Optimismus erfüllt und daher imstande, Sie aus Ihren depressiven Stimmungen herauszuholen. Er wird auch einiges im Leben erreichen. Er ist sympathisch und hilfsbereit. Er wird in Streitfällen immer zu schlichten versuchen. Er liebt große Reisen. Fahren Sie mit, Sie können damit nur gewinnen. In jeder Beziehung. Der Schütze-Mann wird immer für das Weite und Große schwärmen. Er wird immer seinen geistigen Horizont erweitern wollen und Sie daran Anteil haben lassen. Ein Schütze-Mann ist im allgemeinen harmonisch veranlagt, und eine Verbindung mit ihm müßte eigentlich glücklich werden, wenn man ein bißchen Optimismus hineinlegt. Er hat einen starken Drang, in der Öffentlichkeit aufzutreten, und richtet seine Energie darauf, es im Leben zu etwas zu bringen. Er hat große Freude am Leben und hat Sinn für Vergnügungen aller Art. Er will Sie immer bei sich haben, und das ist gut für Sie, weil Sie sonst gewiß in einen Alltags-Trott verfallen würden. Er liebt den Sport und würde sich ärgern, wenn Sie ablehnten, mit ihm zu einem besonders interessanten Spiel zu gehen. Er wird das einfach nicht verstehen. Er ist und bleibt eben ein großer Junge. – Er fühlt sich innerlich von der ganzen Welt unabhängig. Er macht das, was er für richtig hält. Während Sie beispielsweise Wert darauf legen, immer adrett und gepflegt angezogen zu sein, kommt er eines Tages mit einem großartig geschnittenen Maßanzug daher, am nächsten Tag mit zerbeulten Jeans. Dies alles tun zu können betrachtet er als Teil seiner persönlichen Freiheit. – Der Schütze-Mann ist wie jedes Feuerzeichen sexuell anspruchsvoll und leidenschaftlich. Er liebt auch optisch und will sehen, was er besitzt. Dies aber gehört bei vielen Jungfrau-Frauen zu den Tabus beim Geschlechtsverkehr. Sie möchten lieber bei Dämmerlicht oder völliger Dunkelheit lieben. Eine Jungfrau-Frau ist eben ein bißchen prüde! Aber auch hier gilt der Grundsatz der ewigen Eva: Nicht zuerst an sich, sondern an den Partner denken! Seien Sie

doch stolz, daß er Sie immer wieder ansehen will und sich freut, daß Sie ihm gehören! Wie reizvoll müssen Sie in Ihrer Nacktheit sein! Er wird es sofort merken, wenn Sie ihm entgegenkommen, und glücklich sein. Und wenn er glücklich ist, können Sie damit rechnen, es ebenfalls zu werden! Wenn Sie den Sprung über die selbsterrichtete Schranke wagen, befreit er Sie von vielen anderen Komplexen! – Sie sind beide ehrliche, offene und wahrheitsliebende Menschen. Seien Sie auch wahrhaft in Ihrer Liebe! Sie sind seelisch ganz anders angelegt als Ihr Schütze-Mann. Daher ist es auch ganz selbstverständlich, daß Sie sich am Anfang in der Erotik etwas verstellen und eine tiefere sexuelle Leidenschaft zeigen müssen, als Sie sie vielleicht empfinden. Aber Sie „verstellen" sich eben nicht, sondern Sie passen sich lediglich aus Liebe Ihrem Liebsten an! Das ist ein gewaltiger Unterschied! Wenn Sie sich angepaßt haben, werden Sie das erotische Glück genauso stark und erregend finden wie jede andere liebende Frau . . .

Wollen Jungfrau-Frau und Steinbock-Mann neue Bettspiele?

Die Jungfrau-Frau und der Steinbock-Mann
(22. Dezember–20. Januar):

Da Sie beide Erdzeichen sind, haben Sie sehr viele gleiche Eigenschaften. Sie sind beide zurückhaltend und ab und zu introvertiert, ehrgeizig und strebsam. Sie sind intelligent und gewissenhaft. Sie sind beide der Meinung, daß man seine Pflicht tun muß. Sie gehen beide den Dingen auf den Grund und sind daher beide analytisch. Jungfrau- und Steinbock-Geborene gehören zu den hilfsbereitesten Menschen. Beide sind im Umgang mit dem Geld vorsichtig bis zur Sparsamkeit. Trotz dieser vielen Gemeinsamkeiten gibt es selbstverständlich auch zwischen Ihnen Spannungen, und manchmal geht es darum, wer daheim die Hosen anhat. Er glaubt, immer alles besser zu wissen, und Sie kritisieren manchmal sehr scharf. Also werden auch hier Kompromisse und das Bemühen um gegenseitiges Verständnis helfen können. Sehr günstig ist eine Berufsgemeinschaft zwischen Jungfrau-Frau und Steinbock-Mann, denn die Jungfrau-Frau stellt sich gern in den Dienst des arbeitsamen Steinbock-Mannes. Der Steinbock-Mann ist sehr stolz auf seine kluge Jungfrau-Frau, zeigt sie natürlich gern und ausgiebig her. So sind Sie eigentlich der Hauptgrund, warum Ihr Steinbock-Mann zu vielen Parties und anderen öffentlichen Veranstaltungen geht. Der Steinbock-Mann trägt in seinem Inneren viel mehr Ideale, als man denkt, nur müssen sie kultiviert werden. Sie lieben Ihren Steinbock-Mann, weil er so verantwortungsvoll, fleißig und von unermüdlicher Energie ist. Er hat einen sehr starken Ehrgeiz, der nach Macht und hohen Positionen strebt. Sie müssen alle diese Bestrebungen unterstützen, denn manchmal verliert der Steinbock-Mann ein wenig an Initiative. Dann müssen Sie ihn wieder auf Trab bringen. Es wird Ihnen gelingen, wenn Sie ihm sagen, daß Sie ihn als Mensch, als Mann und als Könner in seinem Beruf bewundern. Ermahnungen Ihres Steinbock-Mannes müssen mit Zärtlichkeit und nicht kritisch ausgesprochen werden! Wenn Sie kritisch werden, schießen Sie manchmal über das Ziel hinaus.

Wenn Sie Ihren Steinbock-Mann richtig behandeln, ist er ziemlich unkompliziert und wird sich Ihnen gegenüber wie ein ritterlicher Kavalier benehmen. Im Grunde ist er ein gutmütiger und ehrlicher Kerl. Sie können ihn dazu bringen, äußerlich eleganter zu wirken, als er es aus Bequemlichkeit vielleicht von selbst täte. Vielleicht finden Freundinnen von Ihnen, daß Ihr Partner ein wenig arrogant oder unnahbar ist. Das kann bis zu einem gewissen Grad stimmen, ist jedoch eine Schutzmaßnahme des Steinbocks. Er wird erst langsam „warm". Das kann oft Jahre dauern. Wer aber seine Freundschaft genießt, kann sich hundertprozentig auf ihn verlassen. Sie können sich auch als Frau auf ihn verlassen, denn er ist absolut monogam und würde seine Liebste oder seine Frau niemals betrügen. Sie finden im allgemeinen Umgang mit Ihrem Steinbock-Mann, daß er Sie sehr hoch einschätzt und Sie höflich und anständig behandelt. Der Steinbock-Mann hat manchmal depressive Zeiten, die Sie ihm durch Ihr Verständnis und Mitgefühl schnell überwinden helfen. Dies ist auch ein Grund, warum er Sie immer sehr achten wird. Er möchte am liebsten, daß Sie ihn bei allen gesellschaftlichen Verpflichtungen in der Öffentlichkeit begleiten, weil er stolz auf Sie ist und bleibt. Es ist anzunehmen, daß sein Plan, den er von Jugend auf hat, nämlich eigenes Haus und eigenen Hof zu besitzen, verwirklicht wird, Sie also bald Hausbesitzerin sein werden. Er ist ein sehr leistungsstarker Mensch und fähig, in seinem Beruf hohe Positionen zu erreichen. – Der Steinbock-Mann hat manchmal einen „Vaterkomplex". Das zeigt sich an seiner meistens problematischen Haltung gegenüber Vorgesetzten oder staatlichen Autoritätspersonen. Er anerkennt diese Leute, begehrt aber zugleich innerlich gegen sie auf. Er hat eben so seine Probleme. Manchmal braucht der Steinbock-Mann absolute

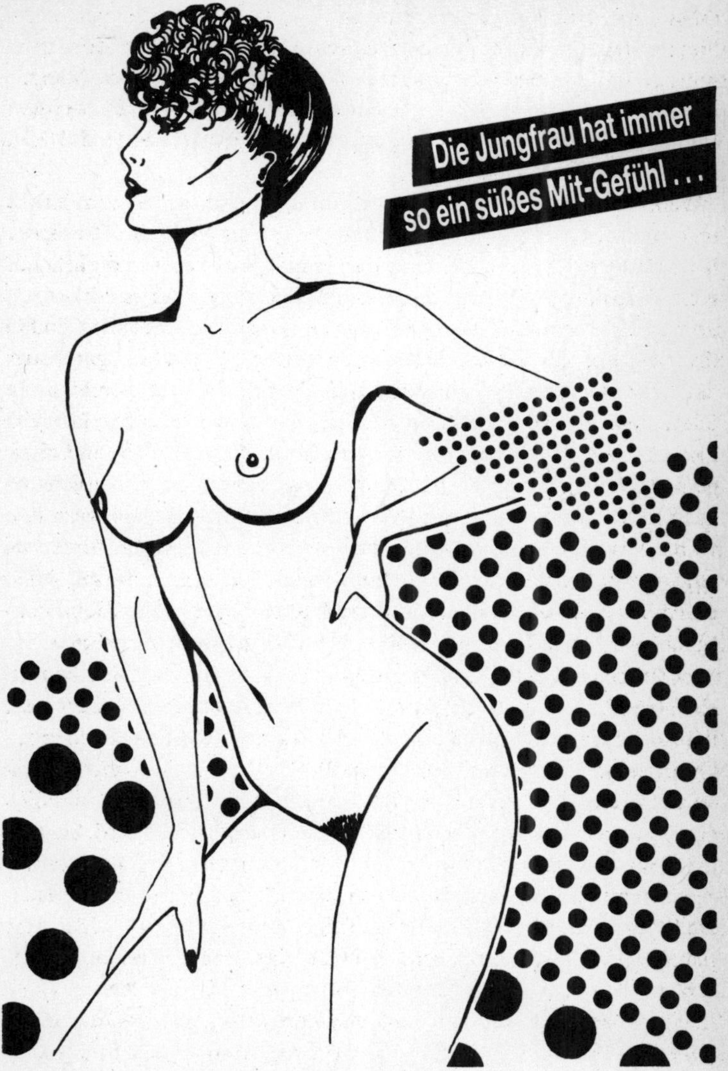
Die Jungfrau hat immer
so ein süßes Mit-Gefühl . . .

Einsamkeit. Nicht aus Weltschmerz; er folgt damit eigentlich nur seinem tierischen Vorbild, dem Steinbock, der sich auf den einsamsten Gipfeln am wohlsten fühlt. Er muß in dieser Stille und Ruhe mit seinen Problemen selbst fertig werden. Gerade bei Ihnen werden diese Einsamkeits-Anwandlungen Ihres Steinbock-Mannes sehr selten vorkommen. Sie sind nämlich eine der wenigen Frauen, mit denen man nicht nur gemeinsam reden, sondern auch gemeinsam schweigen kann . . .

Bei einer Jungfrau-Steinbock-Verbindung gibt es in einem Punkt eine große Überraschung: Sie müssen nämlich in der Erotik die Initiativere sein! Sie, eine Jungfrau-Frau! Der Steinbock-Mann hat nämlich nicht nur bei freundschaftlichen, sondern auch bei sexuellen Beziehungen eine längere Anlaufzeit. Dennoch ist er ein leidenschaftlicher Liebhaber. Verführen aber müssen Sie ihn. Das wird meistens schon allein durch Ihren reizvollen Anblick geschehen, den Sie noch verstärken können, wenn Sie vor ihm baden oder sich raffiniert ausziehen. So wird der Steinbock zum Bock! Wenn Sie ihn dann zärtlich streicheln und küssen (seine Zungenküsse sind übrigens sehr erregend), sollten Sie auch versuchen, aus dem Konventionellen herauszukommen und mit ihm gemeinsam neue Bettspiele auszuprobieren. Sie werden staunen, welch wilde Sprünge dann der stille Steinbock plötzlich machen kann! Sie finden selbst Gefallen daran und werden von seiner unverwüstlichen Potenz begeistert sein. Da Sie noch dazu das sichere Gefühl haben, daß Ihnen dieser Prachtkerl im Bett ganz allein gehört, wird Ihre Sinnenfreude noch gesteigert werden, und das Sexualleben zwischen Ihnen und dem Steinbock-Mann erreicht ungeahnte Höhepunkte . . .

Die Massage läßt die Jungfrau-Frau zerfließen

Die Jungfrau-Frau und der Wassermann-Mann
(21. Januar–19. Februar):

Hier kommen durch Ihren Wassermann-Partner das Zeichen der Menschlichkeit und durch Sie das Zeichen der Gemeinnützigkeit zusammen. Sie beide sehen Ihre Lebensaufgabe darin, anderen zu helfen. Dabei denkt er ein bißchen utopisch, während Sie realistischer sind. Ihr Wassermann-Mann ist eine sehr eigenwillige Persönlichkeit und strebt nach freundschaftlichen Verbindungen. Er ist überaus gesellig, Sie sind zurückhaltend. Er ist ein ausgezeichneter Unterhalter. Sie reden in Gesellschaften sehr gut, und man hört Ihnen gern zu. Aber alle freundschaftlichen oder gesellschaftlichen Beziehungen Ihres Wassermann-Mannes dürfen ihn nicht beeinflussen; wenn er merkt, daß er unter einen anderen Einfluß gerät, geht er wieder. Dadurch kann es vorkommen, daß ihn die Umwelt für kühl hält. Trotz dieser oft sehr stark betonten charakterlichen Eigenart, die den persönlichen Umgang mit ihm nicht immer einfach gestaltet, erringt er leicht Sympathien, weil er über eine beachtenswerte geistige Ausstrahlung verfügt und sehr anpassungsfähig ist. Er ist kontaktfreudig und wünscht sich harmonische Verbindungen. Für ihn sind weltanschauliche, religiöse oder philosophische Probleme sehr wichtig. Er weist darin oft schöpferische Leistungen auf. Es wäre gut, liebe Jungfrau-Frau, wenn Sie sich um die finanziellen Dinge kümmern würden, denn er ist da viel zu sprunghaft und unberechenbar. Berufsmäßig ist er mehr schöpferisch und freischaffend als angestellt und regelmäßig arbeitend. Der berufliche Ehrgeiz ist bei ihm oft gering, stark ausgeprägt hingegen ist sein persönlicher Ehrgeiz. Dieser kann ihn zu außergewöhnlichen Leistungen anspornen, zumal seine Begabungen im allgemeinen überdurchschnittlich sind. Er hat viel Sinn für Technik und Fortschritt. Manchmal ist er sogar ein Erfinder.

In der Liebe ist er romantisch veranlagt. Er ist auch genußfreudig, allerdings in einer etwas verfeinerten Form. Die Frauen interessieren sich immer sehr für einen Wassermann-Mann, da er ein perfekter Liebhaber ist. Da haben Sie, liebe Jungfrau-Frau, es gar nicht so einfach: Er weiß, daß er ein begehrter Mann ist, und ist darum manchmal ein bißchen hochmütig und arrogant. Wenn sich aber dieser romantische Liebhaber in Sie verliebt, wird er Ihnen jeden Wunsch erfüllen. Am liebsten würde er Ihnen dann die Welt zu Füßen legen. Der Wassermann-Mann ist ein sehr zärtlicher Geliebter, der die Liebe liebt und Geduld für sie aufbringt. Er haucht seine Zungenküsse auf Ihren Hals, auf Ihren Leib, in Ihre Achselhöhlen, kurz, er will Ihnen deutlich zeigen, wie sehr er Sie verehrt und wie total er Ihnen gehört. Auch diese Dinge zählen zu seiner Liebesromantik.

Wenn er flirtet – und das tut er gern –, machen Sie ihm keine Eifersuchtsszenen und kränken Sie sich nicht. Es ist bei ihm nur ein Spiel. Er ist imstande, Ihnen den Rücken zu kehren, wenn er glaubt, daß Sie ihm kein Vertrauen mehr schenken. Sie haben beide sehr positive und liebenswerte Eigenschaften, aber es ist nicht immer die Regel, daß Sie diese harmonisch miteinander verbinden können. Seiner Bewegungsfreiheit stellen Sie Ihren Wunsch nach einem geordneten und geplanten Leben gegenüber. Für den Wassermann-Mann müssen Sie eine sehr aktive und zärtliche Geliebte sein, denn Sie müssen ihn dazu bringen, daß er sich mehr um seine engere Umwelt (also auch um Sie) als um die ganze Welt kümmert. Das ist nämlich einer seiner Hauptfehler. Er hat utopische Vorstellungen von einer Weltbrüderschaft und Weltgemeinschaft, die leider niemals zu realisieren sein wird. Darüber kann er sogar Frau und Kinder vergessen. Wenn Sie ihm ein schönes Heim bereiten, in dem Sie nicht an ihm herumnörgeln, wenn Sie ihm im Bett eine vollendete Geliebte sind, wird er merken, wie schön es zu Hause und in der Zweisamkeit ist. Sagen Sie ihm, welche Art von Sex Ihnen am liebsten ist. Der Wassermann-Mann ist nämlich so veranlagt, daß er es aufregender findet, Ihnen Genuß zu bereiten als sich selbst. Denn in Ihrem Genießen erlebt er sein eigenes mit. Er will sexuell glücklich machen. Er legt sehr großen Wert darauf, Sie schon vorher zu stimulieren, und weiß zum Beispiel, daß Sie durch eine zärtliche Bürsten-Rückenmassage hochgradig erregt werden. Diese Erregung steckt ihn an, und er trägt Sie dann auf seinen Armen ins Bett. Dann will er nichts anderes als Ihr Mann sein und sich auf das enge Zentrum des eigenen Glücks mit Ihnen gemeinsam zurückziehen.

Sie werden an ihm seine Selbstsicherheit, seinen Geschmack, Großzügigkeit und auch seine fröhliche Freundlichkeit bewundern, andererseits werden Sie bei ihm aber auch Labilität, Streitsüchtigkeit und manchmal mangelnde Wahrheitsliebe feststellen können. Er kann

sehr rechthaberisch sein. Der Wassermann-Mann ist ein Gesellschaftsmensch, sehr gastfreundlich und unterhaltend. Er wird Ihre Ordnungsliebe daheim und außer Haus ein wenig pedantisch finden, und das könnte auch eine Basis für Streitereien abgeben. Da er eine Neigung zu stetigem Wandel hat und stets neue Experimente vornehmen will, ist es nicht leicht, ihn am häuslichen Herd zu halten. Es kommt manchmal vor, daß ein Wassermann-Mann einen Seitensprung macht. Wenn er weiß, daß Sie von seinem Fehltritt erfahren haben, wird er all seinen Charme aufbieten, um Sie wieder zu versöhnen. Auf keinen Fall möchte er Sie verlieren. Vielleicht wäre es dann doch besser, Sie ließen Gnade vor Recht ergehen. Er hat Sie auch bestimmt nicht seelisch, sondern höchstens sexuell betrogen. Es ist dies nicht die Regel bei einem Wassermann-Mann, sondern die Ausnahme. Je eleganter Sie darüber hinwegkommen, desto treuer wird er Ihnen in Zukunft sein. Der Wassermann-Mann hat ein gutes Herz und liebt Sie. Er wird die seelischen Nöte und Kränkungen, die er Ihnen zugefügt hat, verstehen, begreifen und erkennen. Es wird ihm sehr leid tun. Er wird ehrlichen Herzens bereuen.

Ansonsten wird Ihre beidseitige Menschenfreundlichkeit Ihr gemeinsames Leben sehr idealisieren. In der heutigen überall zerrissenen Welt, wird man Sie als Paar immer als mustergültig für die anderen empfinden. Innerhalb Ihres kleinen Rahmens versuchen Sie die Menschen besser zu machen. Ob Ihnen das gelingen wird? Vielleicht zweifeln Sie selbst daran, aber Sie geben trotzdem nicht auf . . .

Der Fische-Mann küßt die Jungfrau-Frau aus ihren Träumen

Die Jungfrau-Frau und der Fische-Mann
(20. Februar–20. März):

Der Fische-Mann ist ein Lebenskünstler, und zwar im positiven Sinn. Da sein Stern der Jupiter ist, neigt er zu einem heiter-bequemen Leben. Er trinkt und ißt gern gut und liebt häufig und begeistert. Sein Optimismus ist manchmal überhaupt nicht real, und dagegen wehren Sie sich als vernünftige und kluge Jungfrau-Dame. Wenn er allzuviel phantasiert, holen Sie ihn wieder auf den Boden der Wirklichkeit zurück. Sie würden auch gut daran tun, ohne daß er es merkt, zu kontrollieren, wie es mit seinem Alkoholkonsum steht. Fische-Geborene trinken gern.

Aber nicht nur Sie holen den Fische-Mann auf den Boden der Realität zurück, sondern er auch Sie! Sie möchten lieber dienen als bedient zu werden und betrachten es folgerichtig als Ihre Lebensaufgabe, anderen zu helfen. Der Fische-Mann ist ähnlich veranlagt. Seine Hilfsbereitschaft verbindet sich mit einem gewissen Mystizismus. Der Fische-Geborene ist überhaupt ein geheimnisvolles Wesen. Gerade weil er sich in eine andere Psyche so stark einfühlen kann, wird er bei Ihnen sofort bemerken, wenn Sie sich in Ihrer Menschenfreundlichkeit Träumen hingeben, die sich nie verwirklichen lassen. Der Fische-Mann wird Sie nun nicht kritisieren und belehren, sondern Sie durch seine Zärtlichkeit und Liebe in die Realität zurückführen. Dadurch werden Sie zur Erkenntnis der Aufgaben kommen, die Sie tatsächlich lösen können. Dieses Vorgehen des Fische-Mannes ist für Sie sehr wichtig, denn manche Jungfrau-Frauen spinnen sich in ihre Gedankenwelt derartig ein, daß sie innerlich einsam werden. Der Fische-Mann küßt die Jungfrau-Frau aus ihren unguten Träumen . . .

In einer Jungfrau-Fische-Beziehung ist jeder auf den anderen angewiesen. Sie sind gegenseitig füreinander verantwortlich. Hier hat das Schicksal jedem von Ihnen die Aufgabe gestellt, die Ihrem Charakter gemäß ist: einander zu helfen, dem anderen zur Seite zu stehen. So wie er Ihnen behilflich sein wird, eine gewisse Weltfremdheit und Abgeschiedenheit zu überwinden, so werden Sie sehr darauf achten, daß er sich gefühlsmäßig nicht zersplittert. Wenn ein Fische-Mann durch das Schicksal gebeutelt wird, dann kann er nicht nur dem Alkohol verfallen, sondern eventuell auch zu Drogen greifen. Innere Zerrissenheit kann auch schon bei einem Mißerfolg im Beruf auftreten. Sie sehen, Sie haben es nicht leicht: Auf der einen Seite haben Sie einen äußerst liebenswerten Fische-Mann, der Sie seelisch und sexuell voll befriedigt, auf der anderen Seite müssen Sie achtgeben, daß er in keiner Beziehung über die Stränge schlägt. Sie müssen Ihre Hilfestellung mit großer Liebenswürdigkeit und Zärtlichkeit leisten, außerdem so, daß er es niemals bemerkt. Kontrollieren Sie seine Freunde, und entscheiden Sie, welche er ins Haus bringen darf und welche nicht.

Messen Sie Ihren Fische-Mann nicht mit normalen Maßstäben. Sein Charakter ist sehr ungewöhnlich. Er hat eine gewisse telepathische Einstellung, so etwas wie einen sechsten Sinn. Dieser geheimnisumwitterte Fische-Mann ist äußerst gefühlvoll, dabei lustig, hochintelligent und charmant. Ab und zu ist er egoistisch und labil und gibt sich dann Illusionen hin. Auch hier wird es Ihre Aufgabe sein, das Schiffchen Ihrer Ehe so zu lenken, daß es nirgends strandet. Im Grunde genommen ist der Fische-Mann sehr fair. Er wird niemals einen Menschen herabsetzen, weil der über weniger Geist oder Bildung als er selbst verfügt. Er hat ein großes menschliches Verständnis. Fische-Menschen können sehr viel reden, und zwar Interessantes; sie können aber auch stumm wie ein Fisch sein und gut zuhören. Auch das ist wichtig. Gerade für Sie, die Sie sich des öfteren etwas vom Herzen reden wollen. Hinter der äußeren Weichheit des Fische-Mannes verbirgt sich eine große Portion Tüchtigkeit. Zu dieser Tüchtigkeit müssen Sie ihn aber immer wieder anspornen. Tun Sie es jedoch nicht kritisch, sondern freundlich und ermutigend. – Er hat viele freundschaftliche und gesellschaftliche Beziehungen, die alle auf stark emotionaler Basis aufgebaut sind. Sie und er sind glänzende Gastgeber, aber auch angenehme Gäste. Er wird einflußreiche Leute ins Haus bringen. Es kann aber passieren, daß er am nächsten Tag mit irgendeinem Ganoven auftaucht. Deshalb unser Rat an Sie: Sehen Sie sich immer seinen Umgang an! Aber legen Sie ihn nicht an die Kette, schreiben Sie ihm nicht vor, wen er treffen darf und wen nicht! Üben Sie niemals seelischen Zwang aus, um ihn zu beeinflussen! Sie müssen ihm immer wieder sagen, wie sehr Sie seine positiven Eigenschaften

bewundern und wie sehr Sie die negativen kränken. Und tun Sie das in Ihrer liebenswürdigen, netten und zärtlichen Art! Verletzen Sie sein Selbstbewußtsein und seinen inneren Stolz nicht durch Vorwürfe! Er ist sowieso todunglücklich, wenn er Fehler gemacht hat.

Bevor er Sie kennenlernte, hatte er stärkere Neigungen zu triebhaft-gefühlsmäßigen Erlebnissen, eine etwas überbetonte Sexualität, seelisch stark aufwühlende Liebesverhältnisse und etwas kritische Abenteuer. Mit Ihnen, der Jungfrau-Frau, ist das ganz anders. Er schätzt Ihren klaren Verstand, Ihren reinen Körper und Ihre saubere Gesinnung. Er hat vor Ihnen Achtung und Ehrfurcht. Der Fische-Geborene ist ein sehr fruchtbarer Mann, der sich viele Kinder wünscht. Aber er wird das natürlich mit Ihnen abstimmen und Ihren Standpunkt voll respektieren. Er beweist großes pädagogisches Talent, wenn es um die Erziehung der Kinder geht.

Den Urlaub möchte er am liebsten mit Ihnen und den Kindern am Meer oder an einem See verbringen. Er ist eben ein Fische-Mann.

Der Fische-Mann ist sexuell sehr zärtlich und gefühlvoll. Auch in der Erotik hat er einen sechsten Sinn, der ihm genau sagt, wo und wie Sie es am liebsten haben wollen. Er ergreift zwar die Initiative, zwingt Sie aber zu nichts. Dies ist aber zugleich ein kleiner Test: Er will wissen, was Sie von sich aus in die sexuelle Gemeinschaft einbringen. Es ist für ihn ein Wertmesser Ihrer Liebe. Versuchen Sie daher, sich Ihrem Mann voll hinzugeben. Diese Hingabe soll wechselseitig sein, einer soll dem anderen gehören! Das Symbol dieses Tierkreiszeichens sind zwei Fische, von denen der eine stromaufwärts, der andere stromabwärts schwimmt. Genauso sieht es in der Psyche des Fische-Mannes aus. Er weiß nicht genau, wo er hin soll. Deshalb ist es gut, liebe Jungfrau-Frau, wenn Ihre reizende Hand in dieser Ehe oder Partnerschaft zur Führungshand wird. Sie werden dann dem ziellos im Meer seiner vielen Gefühle umherschwimmenden Fisch die Richtung angeben können. Die Richtung zu seinem Glück. Wie gut, daß er eine Jungfrau-Frau gefunden hat, die für ihn da ist. Für ihn und diese schwierige Welt.

Das Liebeshoroskop des Jungfrau-Mannes

Die Widder-Frau hat das Zepter des Jungfrau-Mannes gern in der Hand ...

Der Jungfrau-Mann und die Widder-Frau
(21. März–20. April):

Für diese Verbindung ist die Prognose nicht so günstig. Die Widder-Frau ist ein Tatmensch, ein geballtes Energiebündel. Sie will alles klipp und klar wissen und durchleben. Sie, lieber Jungfrau-Mann, sind ihr zu zögernd und vorsichtig. Sie neigen auch zur Besserwisserei und wirken manchmal ein bißchen altklug. Sie versuchen die Freiheit der Widder-Frau einzuschränken. Die Widder-Dame hat das Gefühl, sich bei einem Jungfrau-Mann nicht richtig entfalten zu können. Obwohl Ihr Verstand ihr ordentlich imponiert, kommt es zu Auseinandersetzungen und Streitigkeiten, weil Sie immer die gefühlsmäßige Persönlichkeit Ihrer Widder-Dame kritisieren. Sie sind hochbegabt, verfügen über eine vorzügliche Beobachtungsgabe, die Sie im Verein mit Ihrer speziellen Unterscheidungsfähigkeit für die subtilen Details zum Gelehrten mit umfassendem Wissen, jedoch nur auf einem Spezialgebiet, werden läßt. Ihr Ehrgeiz ist groß, und Sie sind dadurch imstande, sehr viel und sehr Wertvolles zu leisten. Aber Sie sind von sich aus immer ein Diener an der Sache. Ihr ordnen Sie sich unter, die Leitung überlassen Sie anderen. Ist das nun in der Ehe mit einer Widder-Frau der Fall, dann hat auch diese Verbindung ihre Chancen. Ihr Auftreten ist zwar bescheiden, Ihr Selbstbewußtsein ein bißchen schwach, aber Sie dominieren einfach durch Ihren großen Verstand. Dieser wird auch die Herrschaftsgelüste einer Widder-Frau sehr einschränken. Im Gefühlsleben stört bei einer Jungfrau-Widder-Verbindung die etwas unpassende Sachlichkeit des Jungfrau-Mannes. Dennoch anerkennt

Widder-Frau:
geballtes Energiebündel

ihn die Widder-Frau als einen Kaiser im Reiche des Geistes. Allerdings möchte sie als leidenschaftliche Frau gern und oft Ihr Zepter in der Hand haben. So kommt es, daß die Widder-Dame oft Ihnen die Lust am Sex beibringen muß. Sie, lieber Jungfrau-Mann, sind oft sehr nüchtern und – was Sie nie zugeben wollen – im Geschlechtlichen sehr gehemmt, eine seelische Jungfrau. Sie werden noch in Hemd und Hose hergehen, wenn Ihre reizvolle Widder-Dame nur noch ein winziges Etwas von einem Höschen anhat und auf dem Bett schon auf Sie wartet. Der kurzentschlossenen Widder-Dame bleibt nichts anderes übrig, als Sie zu verführen. Und sie macht das natürlich großartig. Langsam wird sie Ihnen das Hemd aufknöpfen, den Gürtel lockern, Sie ausziehen . . .! Dann gelingt es ihr leicht, durch Zungenküsse Ihre Manneskraft zu erwecken – und dann sind Sie ein überraschend guter und potenter Liebhaber! Die Widder-Frau wird, während Sie sie umarmen, immer das schöne Gefühl haben: Ich habe meinen eigenen Mann verführt . . . Da das Zeichen Widder ein maskulines Zeichen ist, wird es für eine Widder-Frau ein beglückendes Gefühl sein, auch in der Erotik die Stärkere zu sein und als erste die Initiative ergriffen zu haben. Allerdings: wenn Sie einmal richtig in Fahrt sind, lieber Jungfrau-Mann, dann wird das eine Schußfahrt, die eine Olympiamedaille verdienen würde . . .

Selbstverständlich wollten wir Sie, lieber Jungfrau-Mann, vorhin nicht beleidigen, als wir feststellten, daß Sie ein Nörgler oder Besserwisser seien. Das ist nur ein kleiner negativer Teil Ihrer Charakterisierung. Das Positive überwiegt bei weitem. Sie sind sehr warmherzig und häuslich, offen, wahrheitsliebend, mitteilsam und vor allem sehr friedfertig. Ein großer Vorzug Ihres Charakters ist Ihr Pflichtbewußtsein und Ihre Hilfsbereitschaft. Sicherlich können Sie auch pedantisch sein, zuweilen auch egoistisch, dieser Egoismus steht aber weit hinter Ihrem Mitgefühl für Ihre lieben Nächsten zurück. Man nennt Sie nur deshalb so oft einen Besserwisser, weil Sie sehr fleißig sind und damit anderen, die es nicht sind, auf die Nerven gehen. Außerdem wissen Sie ja wirklich sehr vieles oft viel besser. Dennoch: Die Diskrepanz zwischen Ihrer Partnerin und Ihnen liegt darin, daß die Widder-Frau zur Tat drängt, während Sie der mehr theoretischen Überlegung zugewandt sind. Das Hin und Her zwischen Theorie und

Praxis führt dann oft zu Streitigkeiten oder zu Verklemmungen, die eine freie Auswirkung der Kräfte verhindern. Die Widder-Frau wird dann eine Zeitlang schmollen, dann aber doch versuchen, möglichst bald eine Versöhnung zu erreichen. Sie wird zu diesem Zweck wahrscheinlich wieder ihre erotischen Reize spielen lassen. Sie üben neuerlich Zurückhaltung in der Liebe, weil die Liebe für Sie ein zu großes Wagnis ist. Sie wollen sich nicht völlig Ihren Gefühlen ausliefern, aber die starke Persönlichkeit der Widder-Dame wird Sie verändern. Sie macht aus einem genügsamen einen manchmal fast unersättlichen Liebhaber. Das ist für Sie ein großes Glücksgefühl, und Sie sind von Dankbarkeit für Ihre Widder-Dame erfüllt. Denn Sie haben jetzt erkannt, daß sie ein richtiger Mann sind.

Eine Widder-Frau wird mit Ihnen durch dick und dünn gehen. Wenn einmal schlechte Zeiten kommen, wird sie Ihnen treu zur Seite stehen und Ihnen helfen, die Familie durchzubringen. Meistens fängt sich der Jungfrau-Mann nach kurzer Zeit wieder. Wenn die Widder-Frau auch der energischere Charakter ist, bleiben Sie trotzdem der Mann! Wenn es in der Liebe zwischen Ihnen und einer Widder-Frau stimmt, werden Sie beide gemeinsam in Ihrem ganzen Leben Erfolg haben! Dies trifft insbesondere sehr oft in Berufen der Modebranche zu! Um eine glückliche Partnerschaft zu erreichen, müssen Jungfrau-Mann und Widder-Frau nichts anderes tun, als sich immer bewußt sein: Am Anfang und am Ende steht die Liebe . . .

Der Jungfrau-Mann will das ausgelassene Sexualleben kennenlernen

Der Jungfrau-Mann und die Stier-Frau
(21. April–20. Mai):

Sie sind anständig, offen, wahrheitsliebend und kommen bestimmt auf einen grünen Zweig. In der Liebe sind Sie anhänglich und sehr treu. Bei Ihnen wird wirklich jede Frau Geborgenheit finden. Dabei verlassen Sie sich allerdings mehr auf Ihren Kopf als auf Ihr Gefühl. Sie analysieren alles und alle, und auch in der Liebe neigen Sie dazu, jedes Detail erforschen zu wollen. Oft sind Sie sehr stark kaufmännisch engagiert, aber auch wissenschaftlich und künstlerisch sehr begabt. Das sind Dinge, die einer Stier-Frau voll entsprechen und für die sie einen Nerv hat. Sie schätzt an Ihnen Ihr unbedingtes Pflichtbewußtsein. Ab und zu haben Sie auch egoistische Anwandlungen, die eine Stier-Frau Ihnen mit viel Liebe und Gefühl sehr bald austreiben wird. Sie werden bei einer solchen Frau auch Ihre an und für sich sehr große Arbeitskraft noch mehr steigern, weil sie Ihnen durch freundliche Initiative Anregungen dazu geben wird. Sie wird Sie lieben und bewundern und damit Ihren Ehrgeiz kitzeln. Bei einer Stier-Frau, die unter dem Planeten Venus geboren ist, also dem Zeichen der Liebe und Schönheit, wird auch Ihr Sexualleben mehr erhitzt, als es sonst bei Jungfrau-Typen der Fall ist. Auch Ihre seelische Bindung an Ihre Frau und die Familie ist meistens sehr stark. Sie sind strebsam, tolerant, fröhlich, friedfertig und sehr hilfsbereit. Ab und zu haben Sie Launen, aber die Stier-Dame küßt und streichelt sie Ihnen weg.

Sie konzentrieren sich intensiv auf die eigene Arbeitsleistung und

Bei der Stier-Frau
wird der Jungfrau-Mann
zum Bullen

sind darin sehr sorgfältig und gewissenhaft. Manchmal neigen Sie zur Pedanterie. Sie sind ein Mensch, der seine Aufgabe am Dienst an der Sache sieht. Deshalb werden viele von Ihnen Mediziner oder ergreifen einen anderen humanen Beruf, der der Menschheit dient. Sie leben manchmal ein bißchen extravagant, halten bestimmte Diäten ein oder leben vegetarisch. Sie haben häufig Furcht vor Krankheiten, nehmen gern Medizin ein und üben überhaupt Vorsicht in Ihrem Leben. Dann gibt es aber wieder Jungfrau-Typen, die eine panische Angst vor jeder Tablette haben! Es wird an der Stier-Dame liegen, Ihnen auch hier Selbstvertrauen zu geben.

Sie sind nicht für sexuelle Exzesse, aber einer der ausdauerndsten Liebhaber, die man kennt. Sie sind in der konventionellen Form des Geschlechtslebens ein Meister. Achten Sie von allem Anfang an darauf, lieber Jungfrau-Mann, nicht auch die Sexualität zu analysieren! Die Stier-Dame wird Ihnen dann sofort sagen, daß Ihre Sachlichkeit mit Erotik nichts zu tun hat! Die Stier-Frau ist eine Priesterin der Venus und Sex für sie ein wichtiges Element ihres Lebens. Sie ist in ihrem Sexualleben enthemmt und kennt keine Tabus. Sie sagt Ihnen das ganz offen und zeigt es Ihnen auch. Sie sind ein richtiger Mann und wollen dieses ausgelassene Sexualleben gern kennenlernen. Die Stier-Dame spürt so etwas, und es macht ihr einen riesigen Spaß, den erotischen Schwung im Bett auf Sie zu übertragen. Im Bewußtsein Ihrer gegenseitigen Treue überwinden Sie Ihre angeborene Schüchternheit. Natürlich wollen Sie sich in der Liebe von Ihrer Frau nichts schenken lassen und beweisen ihr durch Ihre Ausdauer, daß Sie die Sache, die man Liebe nennt, auch sehr gut beherrschen!

Sie genießen es, daß Ihre Auserwählte ein so offener und fröhlicher Mensch ist. Sie können sich mit ihr glänzend unterhalten, und Ihre Stier-Dame hat immer reichlich Gesprächsstoff. Sie lieben an ihr besonders, daß sie nie Mittelpunkt sein will, sondern Ihnen zumindest eine gleichberechtigte Stellung in jeder Gesellschaft überlassen wird. Allerdings müssen Sie Ihre Eifersucht ein bißchen bezähmen, denn jeder Mann wird Ihre Stier-Frau bewundern und verehren. Sie hat nämlich eine unerhört starke erotische Ausstrahlung. Sie sind stolz darauf und finden es angenehm, daß Sie in Ihrer Stier-Dame eine ausgezeichnete Gastgeberin gefunden haben, die sehr gut kocht und ihr Daheim in puncto Ordnung wunderbar gestaltet. Das ist bei Ihrer Ordnungsliebe sehr wichtig! Sie werden Ihre Stier-Frau auch immer kameradschaftlich und hilfsbereit finden. Eben das erwarten Sie von einer Partnerin, und zwar nicht nur für sich selbst, sondern für die ganze Umwelt. Sie mögen sowohl die zufriedene Bequemlichkeit daheim als auch das Vergnügen. Sie sind beide im Erdzeichen geboren und finden dadurch viele Parallelen. Sie sind beide treu und offen, ehrlich und wahrhaftig. Man kann eigentlich ruhigen Gewissens behaupten, daß Sie die Stier-Frau am meisten schätzen. Hier haben Sie das Gefühl, sich auf einen anderen Menschen absolut verlassen zu können. Die Stier-Frau findet es auch ganz richtig, daß Sie alle Pläne vorbereiten und analysieren. Die Stier-Frau ist für Sie ebenso positiv, wie Sie es für die Stier-Frau sind. Durch Sie gewöhnt sich die Stier-Frau an, genau und präzise zu sein. Sie danken ihr das durch Ihre volle Anerkennung und Liebe. Die Stier-Frau ist eine sehr instinktsichere Frau und merkt gleich, daß Sie eine Mimose sind. Sie wird Sie daher im allgemeinen sehr zart behandeln. Allerdings verlangt sie das gleiche auch von Ihnen. Sie werden ihr später am dankbarsten dafür sein, daß sie Ihr Selbstvertrauen von Tag zu Tag gestärkt hat . . .

Die Zwillinge-Frau verführt den Jungfrau-Mann durch ihre Wölbungen

Der Jungfrau-Mann und die Zwillinge-Frau
(21. Mai–21. Juni):

In Ihren gemeinsamen künstlerischen und intellektuellen Interessen finden Sie auch Ihre gemeinsame Basis. Wahrscheinlich kommt das daher, daß Sie und die Zwillinge-Frau vom Planeten Merkur beherrscht werden. Dieser Planet der geistigen Regsamkeit gleicht Ihre Wesensunterschiede ganz aus. Die Zwillinge-Frau ist ein Luftzeichen und weiß um ihre Unstetigkeit und Rastlosigkeit; das Erdzeichen Jungfrau aber bedeutet Zuverlässigkeit und Geduld. Sie wollen immer einer Sache dienen. Dabei ist der Begriff „Sache" nicht richtig gewählt, weil Sie das Dienen zum Beispiel auch auf Ihre Frau und Ihre Familie angewandt wissen wollen. Selbstverständlich darf das nicht mißverstanden werden: Sie sind keinesfalls ein Pantoffelheld und können sozial sehr hoch steigen; aber es wird sich dabei immer um die Erfüllung von Aufgaben handeln, also um das Dienen für eine Sache. Wenn Sie sich einer Sache angenommen haben, bleiben Sie auch daran, bis sie positiv erledigt ist. In diesem Punkt allerdings ist Ihre Zwillinge-Dame das genaue Gegenteil von Ihnen. Der Zwilling ist ein Doppelzeichen und wird vom seelischen Zwilling einmal nach links, einmal nach rechts geschoben oder gerissen. Die Zwillinge-Frau liegt stets in einem Kampf mit sich selber. Sie neigt zu einem immerwährenden Wechsel. Sie möchte am liebsten jedes Jahr an einem anderen Ort leben und andere Menschen kennenlernen. Wenn das nicht möglich ist, wird sie zum Ersatz dreimal im Jahr die Möbel in der Wohnung umstellen, was wiederum Sie in Ihrer Ordnungsliebe stört. In anderen Belangen stimmen Sie wieder überein, so zum Beispiel in Ihrer Absicht, hinter die Mysterien und Geheimnisse des Lebens zu kommen. Überhaupt wird der Intellekt, mit dem beide überdurchschnittlich ausgestattet sind, manchmal das Gefühl zueinander verdrängen. In diesem Fall bergen sogar Gemeinsamkeiten eine gewisse Problematik in sich. Bei Ihnen beiden wird das Verstandesleben öfters überbetont. Vielleicht denkt das Zwillinge-Mädchen schneller. Aber das muß Ihr Selbstbewußtsein nicht schmälern. Sie sind dafür der Beständigere! Sie bieten den Halt in der Unordnung. Auch in schriftstellerischer Arbeit könnten Sie Gemeinsamkeiten finden. Sie sind beide geistig stark anpassungsfähig und können sich

wechselseitig rasch auf neue Gedankengänge einstellen. Achten Sie beide auf Ihre negative Neigung zu Zersplitterungen! Sie sind ein sehr kritischer Mensch; Sie sollten darauf bedacht sein, daß Ihre Kritik aufbaut und nicht zerstört . . .

Aufgrund der Zwillings-Zwiespältigkeit kommt es manchmal vor, daß eine sehr junge Zwillinge-Dame unbewußt ein bisexuelles Gefühl in sich trägt. Wenn sie Ihnen gegenüber einmal so etwas erwähnt, dann machen Sie sich bitte nicht lustig darüber. In neunzig von hundert Fällen war es bloß ein Gedanke, von dem sie sich befreien wollte. Da das Zwillinge-Mädchen aber ein besonders heiteres Gemüt hat und für jeden Spaß zu haben ist, kommt ihr diese Eigenart ihrer Psyche meistens überhaupt nicht zu Bewußtsein. Die Lebhaftigkeit und Schlagfertigkeit der Zwillinge-Eva öffnet ihr Tür und Tor. Sie ist klug, intelligent und wendig, meistens auch sehr hübsch. Das Wirkungsgebiet einer „Nur-Hausfrau" erscheint ihr zu primitiv. Sie erfüllt ihre Hausfrauenpflichten musterhaft, aber nicht aus Freude daran, sondern aus reinem Pflichtbewußtsein. Sie braucht viel Gesellschaft um sich und möglichst immer andere Menschen, denn Hauptgrundzug ihres Wesens ist, wie wir schon erwähnten, die Wechselhaftigkeit. Sie haben mit Ihrer Zwillinge-Partnerin eine sehr feinfühlige Frau bekommen. Auch in Ihren Sexualbeziehungen. Sie wird nie die Kontrolle über sich verlieren. Sie flirtet gern, wird aber einen Mann, den sie liebt und der sie liebt, niemals blamieren. Sie ist eine äußerst verständnisvolle und anständige Partnerin. In Krisenzeiten ein Muster an Treue und Hilfsbereitschaft. Im allgemeinen ist sie sehr anschmiegsam und zärtlichkeitsbedürftig. In ihrer inneren Unentschlossenheit kann sie teilweise auch sehr nervös und skeptisch sein. Sie neigt dann zu einer gewissen pessimistischen Unbeherrschtheit. Sie kann dann nörgeln und wird sehr wankelmütig sein. Die Gefahr seelischer Labilität ist latent vorhanden. Sie sind in der Lage, durch Ihren blendenden Geist auf Ihre Zwillinge-Frau so einzuwirken, daß sie Beherrschung lernt. Sie werden das mit Liebe und Zärtlichkeit bewirken. Bei Ihrer netten, fröhlichen Art tritt auch die humorvolle Liebenswürdigkeit und Kameradschaftlichkeit des Zwillinge-Mädchens sofort wieder in den Vordergrund. Sie wird jede müde gewordene Partnerschaft immer wieder in Schwung bringen. Die sexuelle Aktivität wird selten von der Zwillinge-Dame selbst ausgehen, aber wenn Sie sie stimulieren, wird sie die Freuden der Liebe in vollen Zügen genießen und Sie, lieber Jungfrau-Mann, im Strom der Liebe mitreißen! Auch hier wird Ihre Zwillinge-Dame die Abwechslung lieben und besonders dann sinnlich werden, wenn Sie verschiedene Positionen und Stellungen im Liebesspiel anwenden. Sie wird es wahnsinnig aufregend finden, wenn das Liebemachen nicht nur immer im ehelichen Bett stattfindet, sondern zum Beispiel einmal in einem Hotel. Die andere Umgebung wird auf das Geschlechtsleben unerhört verjüngend wirken. Heizen Sie Ihre jungfräuliche Seele nur ruhig einmal an und machen Sie es mit Ihrer süßen Zwillinge-Eva mal auf dem Teppich, im Badezimmer oder im Freien . . . Wir leben in einer sinnenfrohen Zeit, und es wäre auch für Sie und Ihre Zwillinge-Frau sehr gut, wenn in Ihre Beziehungen ein bißchen mehr Pfeffer hineinkäme. Die Zwillinge-Frau ahnt so etwas und wird zum Beispiel selten alles, was sie Hübsches an sich hat, offen präsentieren; sie wird ihre Reize eher ein bißchen verhüllen, wodurch sie noch begehrenswerter wird. Sie wird in Ihnen den Mann aufwecken und Ihre erotische Leistungsfähigkeit ins Ungeahnte steigern. Das Erahnen des Geschlechtlichen wird Sie mehr stimulieren als pure Nacktheit. Sie werden dann alle Ihre starken Sexualkräfte einsetzen und aus Ihrer Zwillinge-Partnerin eine glückliche Frau machen . . . Sie werden kein Spaßverderber sein, sondern Ihre süße Frau zu Veranstaltungen begleiten, auch wenn diese Ihnen nicht ganz so liegen. Sie werden das nicht zeigen. Und Sie werden es sogar tolerieren, wenn Ihre Dame in der Gesellschaft ein bißchen flirtet. Aber wirklich nur ein bißchen, sonst werden Sie eifersüchtig und sind verletzt. Genau das will Ihre Zwillinge-Partnerin natürlich nicht. Also wird sie ihre Flirterei auch sofort einstellen. Um Sie wieder zu versöhnen, wird sie Sie nach dem Fest mit ihren reizenden und aufreizenden Wölbungen ausgiebig verführen . . .

Jungfrau-Mann und Krebs-Frau stimulieren sich streichelnd

Der Jungfrau-Mann und die Krebs-Frau
(22. Juni–22. Juli):

Sie brauchen eine Frau, die Ihnen Selbstbewußtsein gibt, die auf Ihre zeitweilige Labilität eingeht und Sie bemuttert. Bei der Krebs-Frau sind Sie da genau in den richtigen Händen. Sie beschützt und bemuttert außerordentlich gern. Sie flüchten sich an ihren hübschen Busen, aber Sie wollen trotzdem immer „der Mann" sein, der das Sagen hat. Trotzdem werden Sie immer das Ihnen gegebene Gebot des Dienens befolgen. Sie wollen die Aufgaben des Lebens erkennen und diese Aufgaben erfüllen. Sie sind ein Diener an der Sache, was nicht ausschließt, daß Sie sozial hohe Positionen erreichen können. Sie sind immer auf Leistung ausgerichtet und sehr bemüht, korrekt und gewissenhaft zu handeln. Dadurch werden Sie zu finanziellen Erfolgen kommen. Sie arbeiten viel und spekulieren nie. Sie möchten gern den Weltfrieden haben und beschäftigen sich viel mit Krankheit, Not und Tod. Unter den in diesem Tierkreiszeichen Geborenen gibt es viele Ärzte. Bei Ihnen steht der Intellekt über dem Gefühl. Ihr Gefühlsleben zielt oft auf das Geheimnisvolle, aber Sie werden niemals die Kontrolle über sich verlieren.

Die empfindliche Krebs-Frau wird sich an Ihren Charakter erst gewöhnen müssen. Sie sind manchmal allzu kritisch, haben eine Neigung zur Pedanterie und übertreiben Ihre Ordnungsliebe. Manchmal sind Sie zu nüchtern und nörgeln herum. Da die Krebs-Frau eine ausgezeichnete Hausfrau ist, werden Sie allerdings nicht viel zu nörgeln haben! Im Gegenteil: Sie haben sehr viel für ein gemütliches

Stimulationsbereit

Heim übrig und werden sie, weil sie für ein solches sorgt, loben können. In Gesprächen mit Ihrem Krebs-Mädchen müssen Sie ihr Zeit zur Konzentration lassen und nicht gleich ein hohes geistiges Niveau der Debatten von ihr fordern. Eine Krebs-Frau hat nicht Ihren nüchternen Verstand, sondern lebt in einer anderen Gefühlswelt. Darin ist sie Ihnen allerdings überlegen. Im Grunde ist die Kombination aus Ihrem sachlich-nüchternen Wesen und ihrer gefühl- und gemütsvollen Art sehr interessant. Es verbindet sich der starke Intellekt des Jungfrau-Geborenen mit dem großen Instinkt des Krebs-Menschen. Aus einer Krebs-Jungfrau-Kombination entstehen großartige Kaufleute, die meistens große materielle Werte erwerben. Sie verfügen über ein außerordentlich gutes Gedächtnis. Sie reisen beide sehr gern, wobei Sie Ihr Wissen bereichern wollen, Ihre Krebs-Frau sich einfach nur freuen will. Sie werden es vor der Öffentlichkeit nicht zugeben, aber Sie hängen sehr an Ihrer Krebs-Eva und der ganzen Familie.

Im Liebesleben haben Sie auch Ihre Leidenschaft unter Kontrolle. Sie übernehmen daher auch im Sexualleben eine gewisse Verantwortung. Das muß absolut nicht negativ sein. Weil Ihnen die Krebs-Frau als Partnerin besonders gefällt und weil Sie ihre Zärtlichkeit überaus schätzen, werden Sie ihr die Führung in der Liebe überlassen. Sie werden sich gern ab und zu an Ihre Krebs-Dame kuscheln und den Anfang machen, aber in Wirklichkeit warten Sie doch darauf, daß die Krebs-Frau initiativ wird. Vielleicht haben Sie das auch deshalb so gern, weil Sie den erotischen Erregungszustand so lieben. Ein Krebs-Mädchen kann nämlich einen auch etwas kühler denkenden Mann derart raffiniert stimulieren wie kaum eine andere Frau! Das geht vielleicht darauf zurück, daß die Krebs-Eva das Gefühl hat, den Jungfrau-Mann bemuttern zu müssen. Ihr Ehrgeiz, ein Krebs-Mädchen im Bett glücklich zu machen, ist stark ausgeprägt. Wenn Ihnen das gelingt, wird auch Ihr eigenes Selbstbewußtsein gesteigert. Die Krebs-Frau strahlt sehr viel Charme, Liebreiz und Sex aus. Ihre empfindsamsten Körperteile sind Ihre Brüste. Sie will nicht, daß diese grob angefaßt werden. Sie will überhaupt viel lieber Sanftheit und Zartheit als zupackende Gier. Insofern sind Sie genau der richtige Partner für sie! Sie liebt sexuelle Vorspiele und hat es gern, wenn man sie umarmt und ihr dabei heiße Worte ins Ohr flüstert. Auch Zungenküssen ist sie sehr zugetan, wobei sie diese auch gern am Körper spürt . . . Sie gibt sich der Erotik völlig hin und genießt die Lust und Wonne in seligem Erschauern. Wenn sie die Initiative ergreift, wird sie Sie mit unendlicher Zärtlichkeit überschütten und dadurch gewaltig stimulieren. Sie kann nächtelang lieben und wünscht sich das auch. Ihre Liebesstunden genießt sie doppelt, wenn zärtliche Musik erklingt und ein Gläschen Wein dabei getrunken wird.

Krebs-Frauen sind sehr stark vom Mond abhängig, der ihre Stimmungen positiv oder negativ beeinflußt. In ihrer Seele und in ihrer Gemütswelt gibt es dann auch Ebbe und Flut. Sie, der sehr anpassungsfähige Jungfrau-Mann, müssen auf diese Stimmungen einer Krebs-Frau Rücksicht nehmen. Da Sie Ihr Krebslein längst analysiert haben, wissen Sie das und können sich danach richten. Wenn Ihre Krebs-Dame deprimiert ist, werden Sie ihr das nicht als Laune auslegen, sondern eben als einen Gemütszustand, für den sie selbst nichts kann. Sie werden daher imstande sein, ihr zu helfen, aus dieser Depression möglichst rasch wieder herauszukommen. – Sie lieben Ihre Krebs-Frau und werden ihr treu bleiben. Diese Treue gründet sich nicht allein auf Ihre Moral oder Ihre Abneigung gegen seelische Konflikte; diese Treue ist Ihr Dank an Ihre Krebs-Eva. – Eigentlich wollen Sie die Krebs-Frau so haben, wie sie ist. Sie können mit ihr gut zusammenarbeiten, sind von ihren intellektuellen Interessen überzeugt und können mit ihr gut schlafen. Die Krebs-Frau hat sehr viel für Mode übrig, und Sie verstehen ja auch eine ganze Menge davon. Vielleicht sind Sie sogar in der Modebranche tätig. Der Jungfrau-Mann hat Glück, wenn er eine Krebs-Frau gefunden hat, denn er würde eine rein verstandesmäßige Frau mit weniger Gemüt nicht vertragen, und diese ihn nicht.

Die Löwe-Frau frißt den Jungfrau-Mann am liebsten auf

Der Jungfrau-Mann und die Löwe-Frau
(23. Juli–23. August):

Eine Löwe-Frau hat ein ausgeprägtes Selbstbewußtsein und setzt sich imponierend in Szene. Die Löwin ist eine begehrenswerte, königliche Raubkatze und strahlt immense Erotik aus. Ihr reizendes Äußeres reicht von Attraktivität bis zur ausgesprochenen Schönheit. Es steht ihr zu, daß man sie als Dame behandelt. Sie verlangt es auch. Ihr starkes Ehrgefühl ist leicht verletzbar. Bei leichten Vergehen gegen ihre Person knurrt sie, bei Taktlosigkeit oder direkten Angriffen schlägt sie mit der Pranke zu und beißt. Die selbstbewußte Löwe-Frau will ihre Selbständigkeit unter allen Umständen bewahren. Das gilt auch für ihr Leben, ihre Liebe und ihren Beruf. Im Berufsleben kann sie ein fast männliches Auftreten haben und setzt sich durch. Sie errreicht meistens die Position, die sie sich wünscht.

Sie, lieber Jungfrau-Mann, haben vieles, was der Löwe-Frau gefällt! Sie mag an Ihnen, daß Sie stets korrekt, seriös und kultiviert auftreten. Ihre Klugheit und Ehrenhaftigkeit bestechen sie. Sie sind Ihrer Zeit um Jahrzehnte voraus und denken äußerst fortschrittlich. Wieder ein Pluspunkt bei der Löwe-Frau! Weiter: Ihre Ansichten können Sie glänzend psychologisch belegen. Daher wird sie Sie oft staunend bewundern. Diese Bewunderung ist manchmal gegenseitig; dann nämlich, wenn Sie erkannt haben, wie intelligent und attraktiv die Löwe-Frau ist. Wenn Sie sich in sie verlieben, müssen Sie sich sogleich bewußt sein, daß die Löwe-Frau die Führung in der Partnerschaft übernehmen wird. Als Analytiker haben Sie bereits festgestellt, daß

Der frißt mich auf,
der Jungfrau-Boy?
Mich?!

die Löwe-Frau aufgrund ihres Selbstvertrauens den Stürmen des Lebens besser gewachsen ist als Sie. Daher verzichten Sie klugerweise auf Ihr „männliches“ Recht auf Vorherrschaft. – Der Jungfrau-Mann ist ein sehr arbeitsamer und schöpferischer Mensch. Er will die Welt verbessern. Negativ an ihm ist zu vermerken, daß seine Ordnungsliebe bis zur Pedanterie reichen kann. Manchmal, lieber Jungfrau-Mann, sind Sie auch übertrieben sparsam. Sie haben aber ein Luxusgeschöpf zur Partnerin gewählt! Dies unter einen Hut zu bringen, dürfte äußerst schwierig sein. Sie kontrollieren Ihre Gefühle allzu sehr durch Ihren Intellekt. Solche Veranlagungen könnten für eine Verbindung problematisch werden. Ihre große Intelligenz wird Ihnen allerdings helfen, diese negativen Dinge in Ihnen abzubauen. Gelingt Ihnen das, werden Sie viel selbstbewußter und schöpferischer sein. Das wiederum wird Ihre Leistung erhöhen und Ihren Willen stärken. Sie werden mit großer und echter Liebe an Ihrer Löwe-Frau und den Kindern hängen. Trotz Ihrer Sparsamkeit werden Sie Ihre Lebensgefährtin verwöhnen! Sie werden die Wünsche Ihrer Löwe-Frau erfüllen, soweit Sie es finanziell vermögen. Sie werden auch die Annehmlichkeiten des Lebens zusammen mit Ihrer hochgeschätzten Dame genießen und gern mit ihr ausgehen. Sie sind sehr wißbegierig und lerneifrig und werden Ihre Löwe-Frau auch auf diesem Weg mitnehmen! So kann sie viel lernen und profitieren. Mit der Zeit wird sie draufkommen, daß man das Wesen der Dinge nur dann ergründen kann, wenn man ins Detail geht. Das haben Sie ihr inzwischen beigebracht. Durch Sie wird sie ein anderes Weltbild bekommen und ihr plötzlich klar werden, daß herrschende Macht allein für diese Welt zu wenig ist. Sie wird sich selbst erkennen und plötzlich ihre Alleinherrschaft aufgeben. So haben Sie, der „sanfte Mann“, hinter den Kulissen regiert und bewirkt, daß die Löwe-Frau selber lernte, daß Herrschaftsansprüche in einer Gemeinschaft überflüssig sind.

In einem ganz wichtigen Punkt allerdings ist die Löwe-Frau immer noch unbeschränkt die Königin: in der Liebe. Sie sind nicht unerotisch, doch Sie würden wahrscheinlich über die Erfüllung der ehelichen Pflichten nicht weit hinauskommen. Aber – Sie lernen's bei der Löwe-Frau. Es beginnt schon bei der reizvollen Wäsche, die sie trägt und die sie so langsam und perfekt vor Ihnen auszieht, daß Sie

Stielaugen bekommen! Nach und nach springen die strammen edlen Formen der Löwe-Frau ins Freie. Sie werden fast schwindlig! Die nackte Löwe-Frau tänzelt durchs Zimmer, schaltet Musik ein, zündet die Kerzen an und macht romantische Augen. Dann knöpft sie Ihnen das Hemd auf und nimmt Ihnen die korrekt gebundene Krawatte weg. Die königliche Verführerin wird jetzt noch aktiver und vernascht Sie Stück für Stück . . .! Sie werden jetzt mit Sicherheit auf all Ihre Analysen pfeifen und sich von Ihren Gefühlen überwältigen lassen. Plötzlich ist aus der Jungfrau ein Mann geworden! Sie werden aber so tun, als wären Sie noch immer der Unschuldsengel von früher. Die Verführung des Adam durch die Eva hat Ihnen so gut gefallen, daß Sie immer wieder den reizvollen Apfel der Eva präsentiert haben wollen, um dann richtig reinzubeißen!

Die gegenseitige Ergänzung Ihrer beiden Persönlichkeiten führt zu einer gefühlsmäßigen Verinnerlichung Ihrer gegenseitigen Zuneigung. Ihre Verbindung wird immer glücklicher und tiefer werden, und Ihr Leben reicher, weil Sie Anerkennung fordern und bekommen. Sie werden Ihrer attraktiven Löwe-Dame auch gern den großen Auftritt in der Öffentlichkeit überlassen, weil Sie ja bekanntlich lieber hinter der Bühne agieren. Von dort aus können Sie ihr sogar ein paar wertvolle, intelligente Tips geben, die sie dann als eigenes Wissen an die staunende und bewundernde Öffentlichkeit weitergeben wird. Daß Sie ihr die Ehre überlassen, lieber Jungfrau-Mann, wird sie Ihnen dann daheim in Ihrem Liebesparadies reichlich danken! So haben schließlich Sie eine Löwin zu einem schnurrenden Kätzchen gemacht.

Die jungfräuliche Sexualität

Der Jungfrau-Mann und die Jungfrau-Frau

Eine Liebesbeziehung zwischen zwei Jungfrau-Geborenen kann ein bißchen unterkühlt sein. Aber wenn beide auf einen fast rauschartigen erotischen Schwung verzichten, ist alles in Ordnung. Eines wird jedenfalls vorhanden sein: das Gefühl menschlicher Zusammengehörigkeit, das Wissen, sich gegenseitig hilfreich zur Seite stehen zu können, eine Partnerschaft von Dauer begründet zu haben. Allerdings muß man damit rechnen, daß sich nicht nur die positiven Jungfrau-Eigenschaften verdoppeln, sondern auch die negativen. Man muß achtgeben, daß man sich gegenseitig nicht zu oft und zu viel kritisiert. Auf der anderen Seite haben Sie beide Humor und den gleichen Ordnungssinn. Gemeinsam planen Sie Ihr Leben weit voraus. Es macht Ihnen nichts aus, sich gegenseitig zu analysieren. Sie erforschen mit Gründlichkeit wechselseitig Ihren Charakter, und dies ist natürlich eine ausgezeichnete Methode für eine gemeinschaftliche Lebensführung. Es stellt sich immer wieder heraus, daß die Ähnlichkeiten bei Ihnen stärker ausgeprägt sind als sonst zwischen männlichen und weiblichen Vertretern desselben Zeichens. Sie tragen beide füreinander Verantwortung und sind sich einig in der Ausübung Ihrer überaus korrekten Pflichterfüllung. Wenn zwei Jungfrau-Menschen eine Partnerschaft eingehen, dann sollte sich diese auch auf ihr Berufsleben erstrecken. Es gibt bei Ihnen sehr viele gemeinsame Berufsneigungen, wie zum Beispiel die Modebranche und die Medizin. Sie sind beide hochintelligent und finden sich in einer wirklichen und echten Freundschaft zusammen. Eine solch dauerhafte und ehrliche Freund-

Natürlich bin ich
eine Jungfrau!
Oder etwa nicht?

schaft ist unter Umständen viel wertvoller als ein vorübergehender sexueller Sinnenrausch. Zwei Jungfrau-Partner werden, wenn sie zusammenarbeiten, sicherlich zu Gut und Geld kommen.

Sie sollen gemeinsam Ihre Kreise ziehen, aber dabei achtgeben, daß Sie sich gegenseitig diese Kreise nicht stören! Dies könnte zum Beispiel dadurch geschehen, daß Sie sich gegenseitig bevormunden wollen, denn im Grunde Ihres Wesens haben Sie ja manchmal auch herrische Züge – eine Charaktereigenschaft, die man dem „sanften Jungfrau-Menschen“ eigentlich gar nicht zutraut. Auch unter den in Ihrem Tierkreiszeichen Geborenen gibt es völlig verschieden geartete Charaktere. Jungfrau-Mensch ist eben nicht Jungfrau-Mensch. Es gibt solche, die äußerst intolerant, unehrlich, unausgeglichen und besitzergreifend sind, aber auch tolerante, ausgleichende, friedfertige und hilfsbereite Charaktere. Man könnte hier Tausende Beispiele anführen, ob dieser Jungfrau-Mann zu jener Jungfrau-Frau paßt oder nicht. Nehmen wir an, daß sich in Ihrem Fall zwei gefunden haben, die zueinander passen.

Sie werden sich beide im Dienst an der Sache einig sein. Das ist Grundelement des Jungfrau-Charakters. Folgerichtig werden Sie bei sich selbst beginnen: Sie müssen die positiven Eigenschaften Ihres Partners fördern! Fördern Sie gegenseitig Ihr musisches Gemüt, Ihr künstlerisches Verstehen und Wollen! Fördern Sie gegenseitig die innere Ruhe, die Offenheit! Fördern Sie gegenseitig Ihre aufrichtigen und kameradschaftlichen Gefühle! Fördern Sie Ihren Ideenreichtum! Sie können das alles am besten dadurch erreichen, daß Sie sich gegenseitig im richtigen Moment loben. Ein Mensch braucht Lob! Besonders ein sensibler Jungfrau-Mensch.

Konzentrieren Sie sich nicht nur intensiv auf die eigene Arbeitsleistung, sondern anerkennen Sie auch die Ihrer Partnerin! Anerkennen Sie innerlich auch ihre sorgfältige Gewissenhaftigkeit. Sie werden sich daheim sehr wohlfühlen, weil Ihre Frau von der gleichen Ordnungsliebe ist wie Sie. Lassen Sie aber diese Ordnungsliebe nicht in Pedanterie ausufern. Dies würde nämlich eine kühle Stimmung aufkommen lassen. Kühle Stimmungen aber entfremden. Machen Sie Ihr Haus durch Pflanzen und Blumen wärmer und lebendiger, schaffen Sie sich ein Haustier an. Sie haben beide sehr viel Sinn für

Erziehung und meist ein gutes Lehrtalent. Schaffen Sie sich nach Möglichkeit Kinder an. Sie werden sehen, wie stark Sie beide dann liebesfähig sein können! Kinder verlangen und brauchen Liebe, und manchmal erziehen Kinder ihre Eltern zur Liebe! Ein klarer, nüchterner Verstand und große Vernunft sind äußerst positive Eigenschaften des Jungfrau-Menschen, aber sie dürfen nicht alles sein. Gefühl und Gemüt sollten im Vordergrund einer Liebesbeziehung stehen. Trotz aller Logik und trotz aller Analytik! – Es heißt von sehr vielen männlichen und weiblichen Jungfrau-Geborenen, daß sie im Sexuellen nur ihre „ehelichen Pflichten" erfüllen. Machen Sie das bitte nicht mit, lieber Jungfrau-Mann! Eine Liebe, die zur Pflicht wird, ist keine Liebe! Ein pflichtgemäßer Sex ist schlechter als gar keiner! Erotik als Pflichtgegenstand ist schamlos und unwürdig! Sie müssen hier als Mann die Initiative ergreifen: Zeigen Sie Ihrer Frau, daß Sie Sehnsucht nach ihr haben, nach ihrem Mund, nach ihren Brüsten und nach ihrem Leib. Sie müssen sie streicheln und zur Liebe verführen! Sie müssen die erogenen Punkte Ihrer Partnerin kennen und liebkosen; Sie werden weibliche Hemmungen und Komplexe wegküssen! Sie werden sich gegenseitig umarmen und sich in den Taumel der Wonnen fallen lassen. Sie werden dann beide die Kontrolle über sich selbst verlieren, und das ist gut und richtig! Nur so werden Sie erkennen, daß die Erotik nicht etwas Verstecktes und etwas Verborgenes sein muß, sondern zur idealen Erfüllung der gegenseitigen Liebe gehört! Verzichten Sie nicht auf die tiefsten Gefühle, die Menschen haben können ...

Das raffinierte Liebesvorspiel der Waage-Dame

Der Jungfrau-Mann und die Waage-Frau
(24. September–23. Oktober):

Die Beherrscherin der Waage-Dame ist die Venus, der Planet, der als Symbol für die Schönheit und die Liebe gilt. Daher ist die Waage-Frau sehr stark erotisch veranlagt und meistens sehr hübsch und attraktiv. Sie liebt ein sehr langes und langsames Vorspiel und will mit großer Zärtlichkeit stimuliert werden. Genau in dieser Beziehung sind Sie, lieber Jungfrau-Mann, hier der Richtige, denn Sie gehen ja auf Ihre Partnerin nicht wie ein Zuchtbulle los, sondern behutsam und fast scheu. Es kann sein, daß Ihre erotische Ausstrahlung für eine Waage-Frau zu verhalten ist. Dann wird es wieder einmal die Eva sein, die die Initiative im Sex übernimmt. Sie wird das auf eine sehr zartfühlende Weise tun, so daß Sie immer noch das Gefühl haben werden, der bestimmende Mann zu sein. –

Waage-Frauen zeichnen sich durch eine besondere Anmut und Körperschönheit aus und haben hocherogene Zonen am Rücken und an den Innenseiten ihrer Oberschenkel. Wenn man sie dort richtig streichelt, verliert jede Waage-Frau ihr inneres Gleichgewicht. Sie liebt es sehr, wenn Sie das Zünglein an der Waage sind . . . Sie haben jedenfalls eine entzückende, liebenswürdige, verbindliche und anpassungsfähige Partnerin gefunden, die doch nie ihre eigene Persönlichkeit verliert. Sie will gern umschmeichelt werden. Sie werden sehr bald ihrem einzigartigen Charme verfallen. Aber nicht nur Sie, die ganze Umgebung und alle Männer im Umkreis bekommen beim Anblick der Waage-Frau Kulleraugen. Das merkt sie natürlich und flirtet gern

Na ja:
Vorspiele kennt der Jungfrau-Mann
schließlich auch . . .

zurück. Es ist nicht notwendig, daß Sie eifersüchtig werden; sie ist nur ein bißchen eitel und geltungsbedürftig – nicht mehr allerdings als jede andere hübsche Frau auch. – Ihre Partnerin zeichnet sich durch ein harmonisches Wesen aus, ist korrekt und anständig. Sie sind ernst und zurückhaltend, aber Sie machen mit, wenn Ihre Frau Geselligkeit wünscht und Parties besucht oder gibt. Sie lieben beide das Vergnügen in verfeinerter Art. Sie mögen beide elegante Kleidung. Schließlich sind Sie beide auch sehr ordnungsliebend. Jeder von Ihnen sollte allerdings vermeiden, zu pedantisch zu sein. Ihre Waage-Frau wird Ihr Heim geschmackvoll ausstatten. Sie, lieber Jungfrau-Mann, werden sich viel wohler fühlen als vorher. – Die Waage-Frau ist verständnisvoll, intelligent und äußerst charmant. Dieser Charme wird ihr manchmal negativ ausgelegt, und zwar als Überheblichkeit. In Wirklichkeit ist sie fürsorglich, hilfsbereit, sanftmütig und willens, für alle Menschen Verständnis aufzubringen. Die Hübschheit der Waage-Eva kommt von innen heraus. – Wenn Sie sie falsch behandeln, wird sie launisch werden oder sich in sich zurückziehen und Ihnen dann eventuell vorlaute Antworten geben, die wiederum Sie auf die Palme bringen. In solchen Fällen müssen sich beide bemühen, Geduld füreinander zu haben. Im Grunde wird der Konflikt immer um Bagatellen entstehen. – In Ihrer Umgebung sind Sie beide beliebt und werden voll anerkannt. Ihre Waage-Frau hat ein besonderes Bedürfnis nach Partnerschaft, um wirklich Erfüllung zu finden. Also machen Sie ihr diese Partnerschaft so angenehm und schön wie nur möglich. Vergessen Sie nicht, daß die Waage-Dame sich immer einen Kavalier an ihrer Seite wünscht. Also, seien Sie ein Kavalier!

Sie liebt gewandte Umgangsformen und Höflichkeit. Sie ist sehr menschenfreundlich und eine wirkliche Friedensstifterin. Ihr größtes Anliegen ist, das Verhältnis der Menschen zueinander friedvoll zu regeln. Mit ihrer positiven Lebenseinstellung und ihrem Optimismus lockert sie die etwas schwerfällige Art des Jungfrau-Mannes auf. Das Bemühen der Waage-Frau, alles Störende in Ihrer Beziehung friedlich auszugleichen, wird von Ihnen voll anerkannt und gewürdigt.

Das rein Sexuelle spielt für die Waage-Frau eine weniger wichtige Rolle. Da auch Sie im Erotischen eher zurückhaltend sind, wird hier kein Konfliktstoff entstehen; allerdings warnen wir Sie davor, Ihre geschlechtlichen Beziehungen zueinander zu konventionell oder gar spießbürgerlich werden zu lassen. Wenn die Waage-Frau das Gefühl bekommt, daß Sie ihre Reize nicht mehr sonderlich interessieren, fühlt sie sich gekränkt und sucht Bestätigung bei anderen! Dieses Sichbestätigenwollen ist unter Umständen ein gefährliches Spiel mit dem Feuer. Daher dürfen Sie, lieber Jungfrau-Mann, es nie dazu kommen lassen, daß Ihre Frau auch nur im entferntesten das Gefühl haben könnte, Sie seien nicht mehr an ihr interessiert. Es könnte sein, daß Sie sie dann verlieren.

Die Waage-Frau braucht ein Familienleben, das auf Harmonie und Ausgleich gerichtet ist. Sie wünschen sich in Ihren Familienverhältnissen eine ausgewogene Ruhe und innere Ordnung. Sie haben beide die gleichen oder zumindest sehr ähnliche künstlerische und wissenschaftliche Interessen. Dies alles und das vorher Erwähnte bilden eine Basis, auf der Sie eine dauernde und sehr sichere, harmonische Partnerschaft aufbauen können. Kritisieren Sie Ihre Waage-Dame nie, selbst wenn Sie Grund dazu hätten. Sie ist in diesem Punkt äußerst verletzbar und empfindlich. Wenn etwas nicht richtig läuft, dann sprechen Sie sich mit Ihrer Eva aus. Man kann ihr alles sagen, sie ist sehr gerecht. Auch sich selbst gegenüber.

Die Skorpion-Frau und die erogenen Zonen des Jungfrau-Partners

Der Jungfrau-Mann und die Skorpion-Frau
(24. Oktober–22. November):

Die Skorpion-Frau ist dynamisch, großzügig und sehr verläßlich. Sie ist intelligent, selbstlos und sehr fleißig. Der Skorpion-Geborene ist ehrgeizig, verschwiegen und läßt sich nichts gefallen. Das sind Eigenschaften, womit man aneckt. Der Skorpion-Mensch ist hilfsbereit bis zur Selbstlosigkeit und kontaktfreudig. Eine Skorpion-Frau wird ohne Probleme nicht leben können. Wenn sie keine hat, schafft sie sich welche. – Sie hat einen sechsten Sinn und seherische Fähigkeiten. Sie ist geschmeidig, geschickt und sehr charmant. Bei Diskussionen kann sie ab und zu eine spitze Bemerkung einstreuen, die ihrem Intellekt entspringt, aber die anderen ärgert. Wenn man ihr dann beleidigend antwortet, schweigt sie und zieht sich in sich selbst zurück. Zwischen Ihnen, lieber Jungfrau-Mann, und Ihrer Skorpion-Dame entwickeln sich hochinteressante Debatten. Sie sind beide grüblerisch veranlagt und haben eine hervorragende Beobachtungsgabe. Sie wollen beide in allen Dingen des Lebens die ursächlichen Kräfte kennenlernen. Sie wollen bei allem die Hintergründe erfahren. Sie sind beide imstande, Geheimnisse und wissenschaftliche Probleme zu lösen.

Sie werden beide vom ersten Augenblick an voneinander begeistert sein. Es findet sich bei Ihnen sofort eine geistige Basis. Auf beiden Seiten sprühen Intelligenz und Scharfsinn! Außerdem haben Sie beide ein gutes Herz und stellen sich selbst die Lebensaufgabe, anderen zu helfen. Die gegenseitige Faszination festigt Ihr Zusammenleben. Bei einer beruflichen Zusammenarbeit ergänzen Sie sich großartig! – Sie sind sehr stolz auf Ihre meist attraktive Partnerin und gehen mit ihr auch gern aus. Sie ist ein überaus geselliger Mensch und eine sehr gute Hausfrau, Mutter und Gastgeberin. Ihre Intelligenz wird manchmal – fälschlicherweise – als Überheblichkeit gewertet. Sie hat Rasse. Sie ist geistreich. Sie ist stolz. Sie ist wie alle Wasserzeichen sehr gefühlsbetont. Eine Skorpion-Frau scheint anderen Männern äußerst begehrenswert. Sie haben aber keinen Grund, eifersüchtig zu werden. Allerdings ist eine Skorpion-Frau selbst von Eifersucht geplagt. Sie müssen also achtgeben, zu anderen Frauen nicht allzu freundlich zu sein. Sie werden immer wieder dem eigenartigen verborgenen Reiz

Ihrer Dame unterliegen. Dieses „Unterliegen“ ist auch in ihrem Liebesleben sehr oft betont. Es ist eine Eigenart der Skorpion-Frauen, daß sie beim Geschlechtsverkehr gern oben liegen. Nach eigenen Angaben dieser sexuell stark betonten Frauen genießen sie dann intensiver und langandauernder. Ihre Skorpion-Partnerin hängt mit großer Leidenschaft an Ihnen, und diese Beharrlichkeit ihrer Liebesgefühle ist auch die Wurzel ihrer Treue. Sie hat leicht maso-sadistische Veranlagungen. Eine Skorpion-Frau erahnt mit ihrem sechsten Sinn, den sie auch auf dem Gebiet der Sexualität hat, sofort die Punkte, an denen Sie erotisch besonders empfindlich sind. Sie kennt Ihre erogenen Zonen genau! Obwohl Sie der erotisch Kühlere sind, verlockt die Skorpion-Frau den Jungfrau-Mann zu Liebesspielen, die Sie sich niemals hätten träumen lassen . . .! Die Skorpion-Frau wird Sie – ohne Ihnen dabei weh zu tun – mit ihren Fingernägeln am ganzen Körper stimulieren, bis Sie wie ein Sex-Sechs-Zylinder anspringen! Sie verlieren in der erotischen Umarmung mit Ihrer Skorpion-Frau jegliche Kontrolle über sich, und aus Ihrer Jungfräulichkeit ist plötzlich Lüsternheit geworden! Das ist der Moment, in dem die Skorpion-Frau vor Wonne und Lustgefühlen zerfließt! Vielleicht liegt hier im Unterbewußtsein der Skorpion-Frau der sadistische Hang: Sie hat vor Ihrem scharfem Verstand einen ungeheuren Respekt; nun ist es ihrer Sexualität gelungen, Ihren Verstand auszuschalten! Sie haben die Kontrolle über sich verloren! Ihre Vernunft hat sich der Sexualität der Skorpion-Frau unterworfen! In diesen Augenblicken ist sie die Domina! Das löst wahrscheinlich in ihr eine gewisse sadistische Befriedung aus. Allerdings hat das eine Rückwirkung auf Ihre Potenz, und Sie zeigen ihr äußerst mannhaft, daß Sie absolut imstande sind, den Liebesritt zu gewinnen! Nun wird Ihnen die Skorpion-Frau sagen, wie sehr sie Sie liebt und wie glücklich Sie sie machen! Sie werden beide sehr intensiv die Höhen und Tiefen eines Liebesrausches erleben. Das ist bei einem Jungfrau-Mann eigentlich nicht so an der Tagesordnung. – Skorpion-Frauen sind sehr fruchtbar und empfangen sehr leicht.

Der Intensität Ihrer Liebe zueinander wird es gelingen, die kleinen Unebenheiten des Lebens zu glätten. Verletzen Sie nie das Selbstgefühl Ihrer Frau. Es kommt aus sehr positiven Quellen. Ihre Skorpion-

Dame und Sie haben den Willen zu dienen. Daraus erklärt sich, daß so viele Jungfrau- und Skorpion-Menschen ausgezeichnete Ärzte oder Pfleger werden. Die Skorpion-Frau hat einen ausgeprägten Spürsinn für das Geheimnisvolle. Sie wertet diese Fähigkeit restlos, ja sogar rücksichtslos gegen sich selbst aus. Was Sie betrifft, so hat sie sich zum Ziel gesetzt, daß Ihre Verbindung zu ihr dauernd bestehen bleibt. Trotz ihrer starken erotischen Leidenschaft benötigt die Skorpion-Dame unbedingt auch eine große seelische Beteiligung beim Sex. Da eine Skorpion-Frau eine gewisse Suggestiv-Kraft hat, wird sie aus dem Verstandesmenschen Jungfrau-Mann einen gefühlsbetonten Menschen machen, der plötzlich den Hauch einer gewissen Romantik gern in sein Leben einbezieht. Sie stellen dann mit großer Freude fest, wie viel Sie sich beide gegenseitig geben können.

Die erotischen Techniken der Schütze-Frau

Der Jungfrau-Mann und die Schütze-Frau
(23. November–21. Dezember):

Ihre Schütze-Frau ist unter einem beweglichen Feuerzeichen geboren, daher anpassungsfähig, aktiv und sehr impulsiv. Meistens hat sie eine sehr reizvolle Ausstrahlung. Sie möchten am liebsten zu Hause sein und ein ruhiges Leben führen, die Schütze-Frau verträgt diesen ewig gleichen Trott nicht und fühlt sich unglücklich. Da sie ein sehr aufrichtiger Typ ist, sagt sie Ihnen das auch. Das ärgert Sie, und Sie finden es undankbar. Also kommt es zu einem Krach. Nach dem Streit allerdings kommt es zu einer prächtigen erotischen Versöhnung, die von der Schütze-Frau ausgeht. Man sagt dieser Dame nach, sie streite so viel mit ihrem Mann, damit man sich oft versöhnen könne ...

Die Schütze-Frau ist sehr ehrlich und will auch ehrlich geliebt werden. Sie liebt körperlich sehr leidenschaftlich und tut es besonders gern in der schönen freien Natur. Ein Schütze gehört ja auch in Wald und Feld ...! Die Schütze-Frau hat einen sehr starken sexuellen Elan und bringt Ihnen erotische Techniken der Liebe bei. Sie werden überhaupt merken, lieber Jungfrau-Mann, daß Sie in den meisten Fällen der Verführte sind! Dies erklärt sich daraus, daß Sie selbst im Sexuellen sehr zurückhaltend sind. Es gibt eben sehr viele Tierkreiszeichen, deren weibliche Vertreter sexbegabt sind. Soweit es sich um normale Frauen handelt, wollen sie eben einen Mann haben, der sie erotisch befriedigt. Sie merken gleich, wenn ein Mann eine sexuelle Anregung braucht, um voll da zu sein. Zu diesen Individuen gehören viele Jungfrau-Männer.

Sie haben eine sehr warmherzige und hilfsbereite, humorvolle und treue Partnerin gefunden. Ihre Eigenwilligkeit gleicht sie durch Ehrlichkeit aus. Sie mögen an ihr, daß sie gescheit und gastfreundlich ist, gesellig und redegewandt. Manchmal tritt bei ihr eine kleine Überheblichkeit zutage, die von ihrer Eitelkeit getragen ist. Sie hat den typischen Schütze-Frau-Fehler, launisch und unausgeglichen zu sein. Ihnen wird es gelingen, dies wieder zurechtzurücken. Ihre Schütze-Frau schätzt und bewundert Ihre hochgradige Intelligenz. Sie läßt sich darin gern von Ihnen beeinflussen. Und genau das wollen Sie ja auch. Ihre reizvolle Partnerin hat eine starke erotische Ausstrahlung, die natürlich auch von anderen Männern wahrgenommen wird.

Doch sie ist Ihnen treu, und Sie haben keinen Grund, eifersüchtig zu sein. Ärgern Sie sich nicht, wenn Ihre Schütze-Frau manchmal provozierende und herausfordernde Reden hält; es gehört zu ihrem Naturell, ein bißchen Leichtlebigkeit vorzutäuschen. Eine Schütze-Frau wird ohne Bedenken in einer Gesellschaft einen gepfefferten Herrenwitz erzählen, so sehr Sie, lieber Jungfrau-Mann, das vielleicht auch stört. Aber Sie sollten nicht prüde sein. – Eine Schütze-Frau hat eben so manchen Pfeil im Köcher, und den will sie natürlich auch abschießen. Sie ist niemals leichtsinnig, wird also auch niemals fremdgehen. Sie ist gerecht und großmütig. Sie will Harmonie. Sie ist freimütig, offenherzig, gerechtigkeitsliebend und freiheitsbewußt. Sie liebt Reisen, besonders wenn sie abenteuerlich sind. Gerade Sie können in dem unruhigen Leben einer Schütze-Frau der so lange gesuchte ruhende Pol sein. Sie wird sich auch sehr für Ihren Beruf interessieren und Ihnen bei der Durchführung von Plänen ausgezeichnet assistieren. Sie bringt Sie sicher auch dazu, die Lebensführung etwas großzügiger zu gestalten, die Lebensgenüsse zu erkennen und auszukosten. Dies alles wird ihr um so leichter gelingen, als Sie ja ein anpassungsfähiger Charakter sind. – Ihre Partnerin ist lebensfroh, sportbegeistert, leicht entflammt und ein guter Kamerad. Sie hat viele Verehrer, weil sie offen und freundlich ist. Zu Ihrer Beruhigung: Sie hat auch Verehrerinnen. Sie ist vielseitig begabt, vor allem wissenschaftlich und künstlerisch. Gesellschaft und persönliche Verbindungen werden von ihr gesucht und meistens reichlich gepflegt. Die volle persönliche Entfaltung eines Schütze-Mädchens beginnt meistens erst mit der Ehe. Sie gibt dann sehr viel auf Ihre Einstellung zum Leben. Sie will allerdings Ihr Leben, lieber Jungfrau-Mann, etwas glanzvoller machen ...! Gehen Sie öfters mit ihr aus. Sie liebt Musik, Tanz, und Theater, Sport und Reisen. Die Beziehung zu Ihnen kann sehr beglückend sein, denn die Schütze-Frau hat eine starke Neigung, den Partner zu idealisieren.

Es kommt Ihnen gelegen, daß Ihre Schütze-Frau manchmal allein sein möchte. Sie hat Zeiten, in denen sie stark nach innen gerichtet ist. Momente, da sie eine Neigung zur Selbstversenkung hat, zur Beschäftigung mit dem eigenen Ich. Sie ist oft verträumt, manchmal sogar in sich versponnen. Wenn sie diese Anwandlungen hat, dann lassen Sie sie „träumen“ . . ., schließlich träumt sie ja von idealistischen Dingen und nicht zuletzt sicherlich von Ihnen. – Sie müssen sich, ob im Beruf, im Leben oder im Bett, bemühen, Ihre Schütze-Frau glücklich zu machen. Gelingt Ihnen das, werden Sie selbst glücklich sein. Das ist schließlich das Lebensziel eines jeden Menschen. Die Schütze-Frau wird Sie schon sehnsüchtig erwarten, wenn Sie nach Hause kommen, und Ihnen schon alles herrichten. Wenn Sie ins Badezimmer gehen, um sich frisch zu machen, wird sie vielleicht hinter Ihnen herlaufen, Sie streicheln und liebkosen und Ihnen ins Ohr flüstern, wie sehr sie sich schon jetzt auf die Nacht freut. Sie werden aus eigenem Verlangen besonders liebevoll zu ihr sein. Sie haben schon längst alle Hemmungen und Verklemmungen abgelegt. Sie sorgen sich eben um das Wohl Ihrer geliebten Partnerin. Sie haben die Reize Ihrer Frau schätzen gelernt und sind in einer gleichen inneren Spannung wie Ihre Geliebte. Die Schütze-Frau ist ihrem Naturell nach eine vollendete Geliebte, die alles gibt und alles nimmt. Ihre Umarmung wird Ihnen Kräfte geben und die Lust am Leben neu erwecken. Ihre Partnerschaft steht jetzt unter umgekehrten Vorzeichen: Sie sind nicht mehr der Verführte, sondern der Verführer. Und Ihre Schütze-Eva ist glücklich, immer wieder von Ihnen verführt zu werden . . .

Der glühende Körper der Steinbock-Frau wartet ...

Der Jungfrau-Mann und die Steinbock-Frau
(22. Dezember–20. Januar):

Die Steinbock-Frau kann ihre Triebe beherrschen, ja sogar verdrängen. Sie wirkt dadurch, als hätte sie Fischblut in den Adern, ist in Wahrheit aber sehr stark sexuell veranlagt. Manchmal weiß sie das selber nicht. Die Steinbock-Frau läßt sich nicht so einfach von einer Leidenschaft hinreißen, wie es viele Damen aus anderen Sternbildern tun. Eine Steinbock-Frau will unbedingt seelischen Kontakt mit ihrem Partner und denkt an die Zukunft, zumindest was das Materielle anbetrifft. Sie ist sehr ehrgeizig und will auch ihren Partner immer wieder zu neuen großen Leistungen anspornen. Da Sie alles ins Detail zerlegen, haben Sie auch das Wesen Ihrer Steinbock-Partnerin analysiert und erkannt, daß man ihren Ratschlägen bedenkenlos Folge leisten kann! Sie denkt überaus sachlich und realistisch, und das liegt Ihnen. Vielleicht ist es gerade die Nüchternheit Ihrer Ansichten, die Sie verbindet. Sie machen sich kein X für ein U vor und folgen daher zielstrebig Ihrem Lebensweg. Sie werden feststellen, daß die Steinbock-Frau eine Person ist, die die höchsten Gipfel erklimmen möchte. Vielleicht klettert sie Ihnen ein bißchen zu rasch! Andererseits ist es für Sie manchmal auch sehr gut, in Schwung zu kommen! In einem Punkt dürfen Sie sich von einer Steinbock-Frau nicht täuschen lassen: Während Sie tatsächlich eine kühl veranlagte Natur sind, spielt die Steinbock-Frau die Kühle, ohne es wirklich zu sein ...! Von selbst wird sie niemals kommen – Sie müssen schon der Aktivere sein! Es ist eine wirklich große Aufgabe für Sie, dem Menschen, den Sie lieben,

Gipfelstürmerin

alle Hemmungen und Komplexe wegzustreicheln. Nicht auszureden, sondern „wegzustreicheln“! – Sie sind ein sehr treuer Mann. Aber Sie werden in der Treue durch die Steinbock-Frau noch übertroffen. Sie wird eine Untreue des anderen niemals verzeihen. Sie wird sie auch nicht vergessen können. – Die Beziehung zu Geld und Besitz ist bei der Steinbock-Frau sehr stark ausgeprägt. Vielleicht noch stärker als bei Ihnen. Sie sind beide sehr fleißig und verantwortungsbewußt. Manchmal verhalten Sie sich vielleicht etwas zu abwartend.

Wenn Sie ein harmonisches Leben mit Ihrer Steinbock-Frau führen wollen, dürfen Sie auch in der Liebe nicht abwarten. Ihre starke sinnliche Veranlagung und ihre erotische Leidenschaft verbirgt die Steinbock-Frau gern hinter einer erzwungenen Beherrschung. Sagen Sie ihr nicht, daß Sie sie durchschauen, sondern zeigen Sie es ihr! Werden Sie aktiv! Eine Steinbock-Frau hat sehr starke äußerliche Reize, die Ihnen gefallen! Ziehen Sie Ihre Steinbock-Frau behutsam aus, und küssen Sie ihren Körper. Sie werden bemerken, wie der Körper immer heißer wird . . . Streicheln Sie sie an ihren intimsten Stellen, und flüstern Sie ihr Liebesworte zu. Sie wird mit geschlossenen Augen zuhören, und ihr glühender Körper wird Sie plötzlich sehnsüchtig empfangen wollen. Sie werden dann freudig erkennen, daß Ihre Steinbock-Dame eine echte Böckin ist, die mit allem stößt, was sie hat! Sie wären kein richtiger Mann, wenn Ihnen das nicht gefiele.

Eine Steinbock-Frau ist sehr ehrgeizig, daher sollten Sie sie loben und ihr schmeicheln. Tun Sie es aber nur, wenn Sie wirklich glauben, Grund dazu zu haben, denn sie ist sehr scharfsinnig und merkt sofort, wenn sie heucheln. – Ihre Steinbock-Dame hat wahrscheinlich eine starke innere Beziehung zur Kunst. Aber sie möchte auch gern die anderen Annehmlichkeiten des Lebens genießen. Zeigen Sie ihr, wie schön die Welt sein kann! Sie bauen dabei beide gleichzeitig Ihre Introvertiertheit ab und werden mit Freuden feststellen, daß es eine Lust ist zu leben.

Eine Steinbock-Frau wirkt im ersten Augenblick etwas verhalten und bescheiden. Zugleich kann sie aber auch eine echte Dame sein. Sie ist sehr hilfsbereit und gibt Schwächeren Halt. Sie hat ein gewinnendes Wesen und ist sehr kontaktfreudig. Sie tun gut daran, lieber Jungfrau-

Mann, sämtliche geschäftlichen Angelegenheiten mit ihr zu besprechen. Ihr Rat wird sehr wertvoll für Sie sein. Sie ist verschwiegen und zuverlässig. Sie ist nicht dickköpfig und läßt auch anderer Meinung gelten. Sie ist eine Frau, mit der man Pferde stehlen kann. Sie bewundert Ihre Intelligenz und strahlt selbst geistige Autorität und sehr oft geistreichen Humor aus. Sie ist sehr tüchtig und hat Erfolg im Leben. Sie ist selbst in der Lage zu erkennen, wenn sie etwas falsch gemacht hat. Sie brauchen und sollen sie daher nicht kritisieren, lieber Jungfrau-Mann! Bei dem energischen und selbstbewußten Auftreten einer Steinbock-Frau würde man nie glauben, daß sie in Wirklichkeit eine sehr verletzbare Person ist. Eine geringfügige Zurücksetzung kann die Steinbock-Frau schon zur Mimose machen. Verfallen Sie also nicht in Ihren berühmten Fehler, an ihr herumzunörgeln! Die Steinbock-Frau wird dann stur wie ein Bock. Bleiben Sie immer der Kavalier, den sie in Ihnen so liebt . . .

Der Jungfrau-Mann und die Erotik der Wassermann-Frau

Der Jungfrau-Mann und die Wassermann-Frau
(21. Januar–19. Februar):

Hier trifft sich ein Paar der Menschenfreundlichkeit und der Toleranz. Allerdings sind Sie gegenwartsbezogen, Ihre Wassermann-Frau aber lebt bereits in der Zukunft. Vielleicht ist Ihre gegenseitige Annäherung auf der Basis der Kunst erfolgt, denn beide sind sie künstlerisch begabt. Die meisten Wassermann-Frauen wirken nach außen hin wie blauäugige Seelchen, sind aber innerlich kapriziös und ein bißchen sprunghaft. Die Wassermann-Frau ist ein Mensch mit hohen Idealen und setzt sich für die Menschheit im allgemeinen ein. Für diesen Zweck braucht sie eine gewisse Freiheit und haßt jeden Zwang. Sie haben dafür volles Verständnis. Findet sie das aber nicht, läßt sie sich scheiden. Sie braucht eine sehr starke Bindung zu ihrem Partner, die von der Seele ausgehen muß. Da Sie, lieber Jungfrau-Mann, primär seelisch-geistig empfinden, könnten Sie ausgezeichnet zusammenpassen. Die Wassermann-Frau wird Ihren scharfen Verstand bewundern. Das wird sie stark auf Sie fixieren, und Sie können sicher sein, daß eine Wassermann-Frau Sie nicht betrügt. Die Wassermann-Frau ist für die Gleichberechtigung in allen Belangen. Das bedeutet nicht, daß sie eine Emanze ist. Sie will die gleichen Rechte, ist aber bereit, auch die gleichen Pflichten zu übernehmen wie ihr Partner. Sie ist eine begehrenswerte Frau und hat zahllose Verehrer. Sie sind zu klug, lieber Jungfrau-Mann, um Eifersuchtsszenen aufzuführen. Außerdem vertrauen Sie Ihrer Frau. – Ihre Wassermann-Frau macht manchmal utopische Höhenflüge, aber Sie holen sie auf die Erde zurück. Und das ist gut so. Sie ist ja sehr gern auf der Erde und hat manchmal sehr irdische Verlangen. Sie hat zwar zu Ihnen eine starke seelisch-geistige Beziehung, aber sie ist auch eine sinnliche und lebensbejahende Frau. Sie merkt, daß Sie sich sexuell beherrschen können. Genau das aber reizt die Dame, die sich nun selbst beweisen möchte, daß sie genug Anziehungskraft hat, Ihre Leidenschaft stürmisch zu erwecken! Wenn ihr Sexmotor mal läuft, ist sie nicht mehr zu bremsen. Sie wird Ihnen Liebesstellungen vorschla-

Die Wassermann-Frau schwimmt immer mit Jungfrau-Männern ...

gen, die Sie in Staunen versetzen! Das ist bei ihr aber keinesfalls sexuelle Verderbtheit, Erfahrung oder Routine, sondern der Instinkt der Erotik. Sie ist eben sehr temperamentvoll und vielseitig in jeder Beziehung. Sie sagt immer „Ja“ zum Leben und auch zur Liebe! Sie können versichert sein, lieber Jungfrau-Mann, die Impulsivität Ihrer Partnerin ist so stark, daß Sie tatsächlich zu einem stürmischen Liebhaber werden! Vor allem werden Sie durch die Erkenntnis stimuliert, Ihre Wassermann-Eva hat ein so starkes Verlangen nach körperlicher Liebe, daß Sie ihr Sehnen und Drängen wie ein Geschenk entgegennehmen können! Es liegt Ihnen nicht, einen Liebesakt grob und ungehobelt durchzuführen. So etwas würde Ihre Wassermann-Frau auch hassen. Sie will ein schönes, zärtliches Vorspiel, möglichst auf einem originellen Platz, ihr empfindliches Gemüt braucht dabei auch zärtliche Worte von Ihnen . . . Sie wird sich dann gleich voller Sehnsucht Ihnen entgegenstrecken und Sie erwarten. Wenn sie Sie umarmt, möchte sie damit zugleich die ganze Welt umarmen. Sie trägt in sich eben immer das Mitempfinden für die menschlichen Probleme. Und auch das geschlechtliche Leben ist ein menschliches Problem voller hoher Ideale. Wenn Ihre Dame spürt, daß Sie sie wirklich von ganzem Herzen lieben, überschüttet sie Sie mit unerschöpflicher Zärtlichkeit. Sie wird Sie dann so stark in die Tiefen ihrer Seele mitnehmen, daß Sie glauben, in dieser süßen Zweisamkeit ertrinken zu müssen. Sie werden dann das Leben von einer ganz anderen, wunderbaren Warte aus betrachten.

Ihre Wassermann-Frau ist verständnisvoll und ehrlich, loyal und selbstsicher. Sie geht gern aus und lernt liebend gern fremde Menschen kennen. Sie lädt auch sehr gern ein und beweist sich dann als ausgezeichnete Gastgeberin. Die Wassermann-Frau sucht gern Gruppen um sich zu bilden, die über Weltanschauungen und tausend andere Dinge des Lebens diskutieren wollen. Sie wird immer nach freundschaftlichen Verbindungen streben. Dabei wird die persönliche Eigenart jedes einzelnen nicht berührt! Das ist ein Prinzip des Wassermann-Geborenen! Die Wassermann-Dame reist gern und möglichst weit. Sie werden diese Reisen gern mitmachen, denn sie sind auch ein Gewinn für Ihr Leben. – Die Wassermann-Frau will arbeiten. Falls möglich auch dann noch, wenn sie verheiratet ist. Aber sie will nicht irgendwo angestellt, sondern selbständig und freiberuflich schöpferisch tätig sein. Sie hat sehr starke intellektuelle Interessen, die Sie gern mit ihr teilen! Manchmal will sie sich innerlich von der Umwelt abschließen, um ihre eigene Gedankenwelt zu kontrollieren und neu aufzubauen. Sie liebt die Kunst, das Leben und den Lebensgenuß. – Sie hat den Hang, ihren Partner zu idealisieren. Das kann einen gewissen Nachteil für Sie haben, lieber Jungfrau-Mann, weil sie dann von Ihnen mehr Größe verlangt, als Sie vielleicht zeigen können. Sie findet Sie dann eben schöner, reicher, stärker, liebevoller, als Sie es wirklich sind. Das könnte aber auch ein gewaltiger Ansporn für Sie werden! Wenn Sie sich dann in gewissen Dingen härter fordern, wird dies der Fortentwicklung Ihrer Persönlichkeit gewiß dienlich sein.

Die Wassermann-Frau hat es gern, wenn die Liebesbeziehung romantisch ist. Probieren Sie es aus: Es ist sehr reizvoll, bei Kerzenlicht und Musik zu lieben . . .

Wegen der Gruppenbildung der Wassermann-Frau brauchen Sie nicht eifersüchtig zu sein. Sie haben wirklich keinen Grund dazu, denn sie fühlt sich nur an Sie fest gebunden. Dies ist wie ein Treue-Versprechen. An Ihrer Wassermann-Frau gefällt Ihnen, daß sie so selbstsicher und geschmackvoll ist. Sie ist außerdem sehr liberal und großzügig, nie wird sie ungerecht sein. Ihre Hilfsbereitschaft ist ehrlich und wird mit Freundlichkeit gewährt. Eine Wassermann-Frau verzeiht, weil sie Verständnis dafür hat, daß ein Mensch Fehler begeht. Die Wassermann-Frau macht vieles mit und ist gesellschaftlich aufgeschlossen. Sie verhält sich, wie schon gesagt, in der Gruppe wesentlich aktiver als einer Einzelperson gegenüber. Sie lebt in Gedanken schon im nächsten Jahrhundert und sieht die Zukunft eigentlich sehr realistisch. Sie will es nur nicht wahrhaben, daß das kommende Schicksal dunkel ist. Sie glaubt, daß die Welt besser werden wird . . . Sie können ihr dabei helfen, lieber Jungfrau-Mann!

Die sexuellen Berührungen der Fische-Frau

Der Jungfrau-Mann und die Fische-Frau
(20. Februar– 20. März):

Ihre Fische-Frau ist sehr anpassungsfähig und will keine eigenen Entschlüsse fassen. Hier müssen Sie der Aktivere sein, der Entscheidungen trifft. Sie bewundert Ihre Intelligenz und Korrektheit. Sogenannte Playboys lehnt sie ab. Sie wird Ihnen immer das Gefühl vermitteln, daß Sie recht haben. Damit ist sie eine sehr angenehme Partnerin. Die Fische-Dame ist stark anlehnungsbedürftig, ein hochsensibles und sehr erotisches Geschöpf. Sie reagiert sehr stark auf Ihre Gedanken und Empfindungen. Sie nimmt auch Ihre Ideen und Vorstellungen gern auf. Das bedeutet aber nicht, daß sie eine Art Sklavin wäre. Sie will immer nur das Richtige tun. Sie ist deshalb so unentschlossen, weil sie ein Doppelzeichen ist. Sie ist wie der Zwilling – vielleicht noch sensibler. Ihr Sternbild wird durch zwei Fische symbolisiert; der eine schwimmt stromaufwärts, der andere stromabwärts. Das zeigt die krasse Unentschlossenheit. Zum Glück ist Jupiter der Herrscher des Fische-Zeichens. Dadurch bekommt die Fische-Frau den Glauben an sich selbst und ein bißchen Selbstbewußtsein mit. Sie liebt materielles Wohlergehen sehr, schätzt Behaglichkeit und Geborgenheit. Das alles findet sie bei Ihnen in außergewöhnlichem Maße. Sie geht meistens den Weg des geringsten Widerstands, um sich selbst nicht weh zu tun. Sie will nicht kämpfen. Aber sie will ihre Pflicht tun. Sie setzt ihre ganze Persönlichkeit ein, besonders im Dienst zur Erreichung höherer Ziele. Sie kümmert sich um das Leid der Welt. Sie wird Ihnen also immer ähnlicher werden. Sie ist sehr weiblich und gefühlsbetont.

Vielleicht ist sie auch eine romantische Träumerin oder eine verträumte Romantikerin. Es wäre gut, lieber Jungfrau-Mann, wenn Sie Ihre Fische-Frau ein bißchen unter Kontrolle hielten und sie nicht zu oft und zu lange allein ließen. Denn wie der männliche Fische-Geborene ist auch die Fische-Frau der latenten Gefährdung durch Alkohol und Drogen ausgesetzt. Vor allem dann, wenn sie enttäuscht, traurig oder gekränkt ist. Nun sind Sie ja geradezu ein Modell der Menschenfreundlichkeit und werden daher auf Ihre Partnerin aufpassen und wenn nötig einschreiten. Sie geht sehr gern aus, und wenn sie auf Parties mal ein Gläschen zuviel trinkt, ist überhaupt nichts dabei. Gefährlich wird es erst, wenn sie schon vormittags die Flasche öffnet. Wenn sie es mit Drogen versucht, dann klopfen Sie ihr sofort kräftig auf die Finger! Sie wird es dann sofort lassen, denn sie ist Ihnen treu ergeben. Ihre Fische-Frau ist äußerst friedliebend, ihre Treue echt. – Noch ein anderer Mangel ist im Charakter einer Fische-Frau festzustellen: Sie ist äußerst leicht verführbar. Und da sie meistens hübsch ist, kommen eben viele Männer, die ihre Widerstandslosigkeit ausnützen möchten.

Ihr Fischlein fühlt sich in Ihrem Netz äußerst wohl. Machen Sie Ihre Partnerin glücklich, indem Sie ihr gestatten, der Musik zu leben. Sie ist diesbezüglich sehr sensitiv. Auch andere Künste befriedigen sie. Sie essen beide sehr gern! Nichts spricht dagegen, daß Sie diesem Verlangen nachgeben. Die Dame Ihres Herzens ist ja wirtschaftlich und hausfraulich sehr begabt und hat viel Charme. Sie wird nicht sehr begeistert sein, wenn Sie von ihr verlangen, daß Sie beide diät leben; aber sie wird sich fügen, denn alles, was von Ihnen kommt, findet sie richtig. Sie ist eben absolut passiv. Es ist daher notwendig, daß Sie noch aktiver werden, als Sie es bereits sind. Lenken Sie das Glück und das Leben Ihrer Geliebten, ohne sie beherrschen zu wollen. – Sie können Ihre passive Fische-Frau damit aktivieren, daß Sie ihr die Möglichkeit geben, das zu tun, was sie so gern tun möchte: für andere da sein und anderen Menschen Hilfe leisten. Wenn Sie ihr hierfür auch die materiellen Mittel zur Verfügung stellen können, Geld oder irgendwelche Geschenke, machen Sie sie überaus glücklich. Auch Sie selbst dienen dann einer guten Sache. Ihre Partnerin wird das Geld auf keinen Fall mit vollen Händen hinauswerfen, denn sie hat eigenartigerweise eine starke kaufmännische Begabung. Am wohlsten und freiesten fühlt sie sich daheim bei Ihnen. Trotzdem sollten Sie Abwechslung suchen, sonst könnte Langeweile in Ihrer Verbindung auftreten. Und das ist für eine Ehe nicht gut.

Ihre Fische-Frau ist seelisch stark an Sie gebunden, zugleich aber auch sehr sinnlich. Seien Sie zu ihr in der Liebe so romantisch, so potent und stark, wie Sie nur sein können! Da sie anpassungsfähig ist, hat sie keinen größeren erotischen Wunsch, als immer wieder aufs neue verführt zu werden. Sie hat einen Hang zur Verführbarkeit, und wenn Sie den in Ihrem eigenen ehelichen Bett befriedigen, werden alle Kavaliere, die auftauchen, um Ihr Fischlein zu gewinnen, im wahrsten Sinne des Wortes baden gehen! Sie wird vor Wonne zerfließen, wenn der eigene Mann sie immer wieder verführt, und sie wird Ihnen dadurch danken, daß sie Ihnen Unübertreffliches bietet.

Sie können Ihrer Fische-Frau blind vertrauen. Sie ist lustig und witzig, intelligent und charmant. Unterstützen Sie die Hilfsbereitschaft Ihrer Eva. Kämpfen Sie mit Liebe und Güte gegen ihre manchmal auftretende Labilität. Alles, was Ihre Fische-Frau tut, ist gefühlsbestimmt. Wird ein Kind oder werden Sie selbst krank, erweist sie sich als ein Muster an pflegerischer Größe. Für Hungernde würde sie ohne Zögern ihr letztes Stück Brot hergeben. Kosten Sie immer wieder den Liebreiz Ihres Fischchens, und Sie werden mit ihm gemeinsam im Glück schwimmen.

Die erotischen Typen des Tierkreises

Das Geschlechtsleben der Widder-Geborenen

Das Geschlechtsleben des Widder-Menschen ist von einem entfesselten Urinstinkt getrieben. Wenn er oder sie sich mit dem Partner geschlechtlich vereinigen, bricht das ganze Frühlingserwachen der Natur auf! Brechen alle Dämme. Die geschlechtliche Gier des Widder-Menschen ist unersättlich. Der Liebeskampf verlangt den Einsatz aller Potenzkräfte. Von ihm und von ihr. Die Rivalität der Liebeskräfte Mars und Venus, die den Widder-Menschen beherrschen, stellt die Leidenschaftlichkeit des Nehmens und Gebens über die Zärtlichkeit. Zwar kann der Widder-Mensch durchaus zärtlich sein, doch stürmt seine Erregung wild bis zur höchsten Spitze, wobei die Zärtlichkeit dann auf der Strecke bleibt. Die sexuelle Ausdauer des Widder-Menschen ist unermüdlich, und so kann er mehrere Liebeskämpfe hintereinander absolvieren. Am liebsten möchte der Widder-Mann seine Partnerin zur Lustsklavin machen. Die Widder-Frau ist in ihrer Leidenschaft ungeduldig; sie möchte sofort befriedigt werden. Wird der plötzliche Ausbruch der eigenen sexuellen Gefühle nicht sofort gesättigt, kann es passieren, daß das Widder-Mädchen sich die Befriedigung anderswo holt.

Das Liebesleben der Stier-Geborenen

Die Blumen und Bäume blühen, der Wonnemonat tanzt seinen verführerischen Reigen. Der Stier-Geborene hat Temperament, ist leidenschaftlich und genießt gern. Er ist sexuell sehr aktiv, manchmal fast ein bißchen zu aktiv. Ein Stier-Mensch ist zart und zugleich erotisch sinnlich. Wenn er sich mit der Partnerin paart, paaren sich in ihm selbst Gefühl und Lust zu einer Einheit. So wie der Stier materiellen Besitz erwünscht, so entwickelt sich bei ihm auch in der Liebe ein ungeheures Verlangen nach Besitz. Die Stiere wollen alles, was sie lieben, auch besitzen. Das gilt für Mann und Frau zu gleichen Teilen. Bei einer schlechten Konstellation kann es bei einem Stier-Menschen zu Instinkten kommen, die zu einer fast perversen Sinnlichkeit führen. Dann sind Ausschweifungen, Orgien, wütende Eifersuchtsanfälle, ja sogar Gewalttätigkeit keine Seltenheit. Dann zeigt sich in aller Deutlichkeit, daß der Stier vom Stier, also vom wilden Bullen, abstammt. Dabei kann der Stier-Mensch in der Liebe äußerst positiv sein.

Können Zwillinge-Geborene bisexuell werden?

Die Doppelnatur des Zwillings zeigt, daß sich zwei Persönlichkeiten innerlich in einem ständigen Duell gegenüberstehen. Der Zwilling lebt in ständiger innerer Spannung. In gewisser Weise empfindet er bisexuell. Das kann sich später selbstverständlich legen. Das ist sogar in den allermeisten Fällen so. Jedenfalls wird der Zwillinge-Mensch im Anfang und in seiner Jugend beiden Geschlechtern zugetan sein, und das entspricht der hermaphroditischen Natur des Merkurs. Beim Zwilling besteht jedenfalls der Hang zu einem Dreiecks-Verhältnis. Es kann ohne weiteres vorkommen, daß biespielsweise eine Zwillinge-Frau sich in die Ehemänner ihrer Freundinnen verliebt, um sie zu erobern oder auch, um auf sie tragisch zu verzichten. Zwillinge-Frauen sind ja geborene Schauspielerinnen. Andere brauchen stets eine Freundin, damit sich die Beziehungen zu ihrem Gatten befriedigend gestalten. Viele Ehen haben nur Bestand dank dieses Dreiecks, das von einer Zwillinge-Frau oder einem Zwillinge-Mann gesucht wird. Natürlich sind die meisten Zwillinge-Beziehungen völlig normal, weil sie von einer stark ausgeprägten, innerlich glühenden Sexualität getragen werden.

Das Sexualleben der Krebs-Geborenen

Die Krebs-Frau ist sehr oft eine „Kind-Frau“: arglos und anmutig, süß und verspielt. Sie ist eine kleine Träumerin. Sie will sich unbedingt mit dem Mann, den sie liebt, identifizieren. Sie will von ihm genommen werden. Im Leben genauso wie im Bett. Auch der Krebs-Mann hat eine immerwährende Sehnsucht nach Zärtlichkeit – seelischer und körperlicher. Es gibt zwei Krebs-Männer-Typen: der Friedliche und Zärtliche und der Nervöse und Launische. Geschlechtlich ist der eine ein Wunder von Treue, der andere ein ununterbrochener Mädchenjäger, der immer wieder ein neues geliebtes Mädchen in sein Bett ziehen will. Wenn er es dort hat, liebt er es aufrichtig. Auch bei den Krebs-Frauen sind zwei Typen vertreten: die Eifersüchtige und Verärgerte und die Zarte und Mütterliche. Sie ist in beiden Typen eine ausdauernde und unerhört heiße und hitzige Geliebte. In der Lust schreit sie, und sie weiß auch, warum sie gerade einem potenten Mann ihr Herz geschenkt hat. Man findet bei der Krebs-Frau die Masturbation noch viel stärker vertreten als bei den Frauen anderer Tierkreiszeichen. Aber sie wird auch bei der Selbstbefriedigung nur an den Mann ihres Herzens denken und ihn nicht in Gedanken mit einem anderen betrügen.

Die geheimen Liebeswünsche der Löwe-Geborenen

Die erotische Liebe ist für den Löwe-Geborenen ein Sturm glühender Erregung. In dieser erotischen Erregung umarmen sie sich, kratzen sie sich und beißen sie sogar. Da sind sie echte Löwen. Es bleibt dem Löwe-Mann vorbehalten, keine Stelle am Körper seiner geliebten Frau mit seiner harten Zärtlichkeit auszulassen. Umgekehrt – bei der Löwe Frau – ist es nicht viel anders. Es gibt auch einen ruhigeren und fröhlicheren Löwe-Geborenen, der nicht so stark sexualisiert ist wie der soeben geschilderte „wildere“ Löwe. Amerikanische Sexualforscher haben entdeckt, daß bei dem Löwe-Geborenen im Augenblick des Orgasmus geheime Liebeswünsche aufsteigen; diese führen in den Bereich des Sado-Masochismus. Sie gipfeln in dem Wunsch, geschlagen zu werden oder selbst zu schlagen. Man vermutet, daß auch hier der Raubtierinstinkt des Löwe-Menschen durchbricht.

Sind Jungfrauen Jungfrauen?

In diesem Zeichen gibt es auffallend viele Junggesellen, aber wenn sich der Jungfrau-Mensch einmal verliebt, dann packt er richtig zu und bleibt dem Partner auch treu. Im Grunde möchte sich der Jungfrau-Mensch in seinem Leben die Stürme der Leidenschaft ersparen. Er ist ein offener und ehrlicher Mensch; sehr feurig im Bett sind weder der männliche noch der weibliche Jungfrau-Mensch. Es gibt allerdings auch einen Genießer-Typ bei den Jungfrauen. Dazu gehörte beispielsweise der verliebte Goethe, der voller Sinnlichkeit und Freude die Wonnen der Liebe genossen hat. – Der weibliche Jungfrauen-Typ ist ein hervorragender und treuer Ehepartner. Natürlich gibt es auch hier Ausnahmen, denn wenn ein Jungfrau-Mädchen anfänglich das Opfer ihrer Schüchternheit wird und das Glück an sich vorüberlaufen läßt, dann versucht sie es eben einmal andersherum: Dann wird sie plötzlich sehr leichtsinnig und leichtlebig, um die Liebe kennenzulernen, und zahlt meistens bitter drauf. Es kann auch später passieren, daß diese treue Ehefrau plötzlich von ihren Urtrieben gepackt wird und innerhalb weniger Tage oder Wochen ihre eheliche Treue bricht und den Partner verletzt. Sie kann dann das ganze Eheglück aufs Spiel setzen. Dann muß der gehörnte Gatte fragen: War meine Jungfrau wirklich eine Jungfrau?

Der nichtausgeglichene Sex der Waage-Menschen

Hier stellen wir zwei Gegensätze fest, die sich buchstäblich die Waage halten. Der eine Typ ist ein introvertierter, eher langweiliger Typ, und der andere ist ein extrovertierter Typ, sehr reich an Empfindungen. Der erste Typ ist auch im Bett kühl. Der zweite Typ dagegen will den Partner unbedingt durch seinen Sex erobern. Und dieser Sex ist sehr oft unausgeglichen. Er kann auf der einen Seite glühende Leidenschaft sein, in der nächsten Stunde eine kühle Zurückhaltung. Das Liebesleben ist von einer gewissen Verfeinerung der Zärtlichkeiten abhängig. Der Waage-Mann wird versuchen, seine Frau oder Geliebte mit Charme und galanter Verführung zu gewinnen. Die Waage-Frau ist durch und durch Weib und kann eine ideale Lebensgefährtin sein. Aber es gibt auch Waage-Typen, die im Waagebalken heftig hin und her schwanken und so sehr unverläßlich werden. Auf der einen Seite wird eine Waage-Frau zu dominieren versuchen, auf der anderen Seite hat sie masochistische Neigungen. Waage-Frauen sind meistens sehr hübsch und können eine sehr gute Ehe führen, wenn ihnen der richtige Partner über den Weg läuft.

Die Geschlechtsgier der Skorpion-Geborenen

Hier brechen oft heftige und gewalttätige Leidenschaften urplötzlich hervor. Der Skorpion-Mensch braucht den Zusammenprall mit dem Partner. Auch und besonders in der Liebe! Der Skorpion-Mensch kann in der Sexualität auch zu einer gewissen Grausamkeit neigen. Sehr oft ist der Skorpion-Mensch zum Beispiel ein Flagellant, einer, der schlägt. Seine Liebe im Bett kann zur Brunst eines Tieres werden. Dies gilt für Mann und Frau im Zeichen des Skorpion gleichermaßen. – Der wirkliche seelische Höhepunkt des Skorpion-Menschen liegt in seinem emporgerissenen Lustempfinden des Geschlechtstriebes. Wenn sich Skorpion-Mann oder Skorpion-Frau mit dem jeweiligen Partner in heißer Umarmung zusammenfinden, dann können die beiden den Orgasmus lange hinauszögern, um zu doppeltem und dreifachem Lustgewinn zu gelangen. Küsse und Bisse werden zu einer Liebesschlacht. – Der harmonische Skorpion-Typ dagegen kann seine Leidenschaft seiner hohen geistigen Erfahrung unterordnen.

Der sexbesessene Schütze-Mensch

Auch hier werden wir von zwei Typen sprechen. Typ 1 ist ein rebellischer Schütze mit einem Liebesfeuer von verhaltener innerer Glut. Viele Schützen leben wie in einem Liebesrausch. Sie möchten alles bekommen, alles sehen, alles ertasten, alles erfühlen, alles besitzen. So ein Schütze-Mann läuft jeder Frau nach, sieht ihr in die Augen, sieht ihr auf den Mund, auf den Busen oder auf den Popo. Er ist immer und schnell in jede verliebt. Die Schütze-Frau wiederum wird jeden Mann, der ihr gefällt, mit ihren Blicken, ihrem Gang, ihrer Figur und ihrem Lächeln zu betören versuchen. Neben der hochanständigen Schütze-Frau, die als ein Typ gilt, gibt es auch hier einen zweiten: die aufrührerische Schütze-Frau. Diese Frau ist eine Spielerin. Eine Spielerin auch in der Liebe. Unter diesen Typen gibt es oft exhibitionistische Frauen, die ihren Körper, der meistens prachtvoll ist, offen herzeigen – und die ihren Reiz darin finden, ihre Nacktheit zu präsentieren. Sie finden es unerhört aufregend, daß ihr Partner dann zum Voyeur wird.

Das Triebleben der Steinbock-Geborenen

Wenn der Steinbock äußerlich auch irgendwie gefühllos oder kühl erscheint, brennt in ihm doch eine sehr kräftige Glut. Vielleicht zeigt der Steinbock-Mensch aus einer gewissen Schamhaftigkeit seine Gefühle nicht so offen. Wenn er aber mit seiner Partnerin allein im Bett ist, dann wird er ein richtiger, großartiger Liebhaber. Genauso verhält es sich mit der Steinbock-Dame. Sie wird über das Geschlechtliche kaum sprechen, ihrem Partner aber, wenn sie mit ihm in der Umarmung liegt, gehörig einheizen. Jedenfalls streben beide – wie es einem Steinbock geziemt – zur Höchstleistung und zum Gipfelsturm. Die Steinbock-Frau ist eine Frau, die kühl wirkt und in Wirklichkeit sinnlich ist. Sie versteht es nur, diese sinnliche Triebhaftigkeit, die andere Frauen zu offenen Flirts verleitet, ausgezeichnet zu beherrschen. Darin liegt sogar ein gewisser Reiz für jeden Mann. Schließlich war auch die Pompadour eine Steinbock-Frau. Ein wichtiger Rat für den Partner einer Steinbock-Frau: die Liebe möglichst variieren! Der Liebhaber einer Steinböckin soll versuchen, möglichst verschiedene Orte zu finden, möglichst verschiedenen Stellungen auszuprobieren, um sie zu lieben . . .

Die Erotik des weiblichen und männlichen Wassermanns

Der Wassermann-Typ will an und für sich keine feste Bindung. Er will frei und in Freiheit lieben. Der Wassermann wünscht sich Zärtlichkeit und ein bißchen Brutalität zur gleichen Zeit. Leidenschaftlichkeit und Herzensliebe sollen zu einem einzigen Begriff werden. Der Wassermann-Mann will aber auch seine Launen an seiner Frau oder seiner Partnerin auslassen, und sie soll ihm da willig gehorchen. Hier gibt es ein herrliches Gegenmittel für jede Partnerin eines Wassermannes: Sie beginnt langsam einen Striptease zu machen; sofort wird der Wassermann mit großen Augen ihr begeisterter Zuseher sein, alles andere löst sich dann in liebevoller, heftiger Umarmung auf. Der Geschlechtstrieb der Wassermann-Frau ist sehr rege, und sie wünscht sich oft, dem Mann zu „unterliegen" ... Wenn man die richtigen Hände für die Wassermann-Frau hat, ist ihr ganzer Körper eine einzige erogene Zone. Sie liebt besonders gern in der Badewanne.

Das Triebleben der Fische-Geborenen

Der Fische-Mensch ist zumindest anfänglich von einem unergründlichen Geheimnis umgeben. Der Fische-Mensch ist sinnlich und liebt manchmal eine etwas ausgefallene Sexualität, wirkt aber nach außen hin zuerst etwas schüchtern. Obwohl der Fische-Mensch voller Verlangen und voller Erregbarkeit ist, wird er eher ein schöner Delphin sein als ein alles in sich hineinfressender Haifisch. Der Partnerin eines männlichen Fisches sei geraten, ihn immer wieder zu ermutigen, damit er in seiner Liebe zu Höchstleistungen auflaufen kann. Er kann ein außerordentlich zärtlicher Geliebter sein. Diese Zärtlichkeit kommt der Fische-Frau sehr entgegen, da sie eine große Romantikerin ist. Ihre wahren Liebeswonnen liegen darin zu wissen, daß ihr Mann oder ihr Freund oder ihr Partner in sie verliebt ist – dann erreicht sie einen außerordentlichen Orgasmus. Dabei sorgt sie sich immer, daß auch der Mann auf oder in ihr glücklich wird . . . Eine Fische-Frau kann erotisch sehr leicht erregt werden, dann entdeckt man sehr deutlich, daß sie doch aus dem „feuchten“ Element stammt . . .

Berühmte Jungfrau-Geborene

Cesare Borgia, geboren am 17. September 1475. Der berüchtigte vielfache Mörder und Meineidige der Renaissance-Zeit.

Johann Wolfgang von Goethe, geboren am 28. August 1749. Der deutsche Dichterfürst.

Clara Schumann, geboren am 13. September 1819. Die weltbekannte Konzertpianistin und Gattin des berühmten Komponisten Robert Schumann.

Agatha Christie, geboren am 15. September 1890. Die berühmte Krimi-Schriftstellerin („Mausefalle“).

Sophia Loren, geboren am 20. September 1934. Eine der wenigen großen Schauspielerinnen der Jetzt-Zeit.

Was bedeutet für Sie als Jungfrau-Dame der Sex?

1. Stellen Sie im allgemeinen hohe Ansprüche an einen Mann?

   a) Ja, denn Sie wollen es ein Leben lang mit ihm aushalten **5**
   b) Nein, denn jeder Mensch hat seine Fehler **0**
   c) Nur in bestimmten Dingen **2**

2. Sie lieben Ihren Partner, deshalb

   a) steht Sex erst hinter den seelischen Gefühlen **4**
   b) ist Sex für Sie sehr wichtig **1**
   c) sind Sex und Seele miteinander verbunden **3**

3. Ein Verlangen nach Liebe und Zärtlichkeit könnte bei Ihnen nie entstehen,

   a) wenn Sie und er keine Möglichkeit zum vorhergehenden Bad haben **6**
   b) wenn alles mehr oder weniger steril ist **4**
   c) wenn alles frisch duftet und direkt auf das Ereignis vorbereitet ist **0**

4. Stürmische Liebe

   a) darf sich Ihr Partner nur mit Ihnen erlauben **1**
   b) sollte der Partner gar nie verlangen **2**
   c) machen Sie nur, um ihn zu erfreuen **4**

5. Harmlosen Flirt mit zärtlichen Berührungen

a)	lieben Sie in dunklen Ecken	**1**
b)	mögen Sie überhaupt nicht mit fremden Männern	**5**
c)	darf nur ein gefühlvoller Könner wagen	**3**

Gesamtpunktzahl ______

Zählen Sie nun bitte die für Sie zutreffenden Punkte zusammen. Das Ergebnis sagt Ihnen, was für Sie als Jungfrau-Dame der Sex bedeutet.

Auflösung:

3–8 Punkte:

Für eine Jungfrau-Dame sind Sie viel zuwenig anspruchsvoll. Außerdem gehören Sie zu den wenigen Vertreterinnen Ihres Sternzeichens, die den Spaß im Sex erkannt haben. Ihnen fehlt die kühle Schulter der Jungfrau-Dame!

9–15 Punkte:

Langsam erwacht auch in Ihnen der Geist der sexuellen Liebe. Die Zeit und liebenswürdige Männer machen aus Ihnen eine „entartete" Jungfrau-Dame. Im Gegensatz zu Ihrem Sternbild und zur Freude Ihres Partners entdecken Sie immer mehr, daß seelische Liebe durch sexuellen Kontakt noch schöner wird.

16–24 Punkte:

Ihrem sexuellen Verhalten nach sind Sie alles andere als eine Jungfrau-Geborene. Sie lieben, weil Sie Spaß am Sex finden. Sie brauchen nicht unbedingt die große Liebe dazu gefunden haben, auch wenn Sie im Grunde Ihres Herzens doch danach suchen.

Was bedeutet für Sie als Jungfrau-Mann der Sex?

1. Denken Sie bitte an Ihre bisherigen Liebschaften. Wer war leidenschaftlicher?

   a) Immer Sie **1**
   b) Beide gleich **3**
   c) Meistens Ihre Partnerin **4**

2. Eine Frau, die bei Ihnen den Anfang macht,

   a) kann in Ihnen das Feuer entfachen **5**
   b) ist gegen Ihre Einstellung **0**
   c) kann ab und zu recht amüsant sein **2**

3. Wenn Ihre Geliebte Wünsche hat,

   a) so muß sie Ihnen diese sagen **1**
   b) so fühlen Sie diese sofort **6**
   c) brauchen Sie nicht lange, um diese zu erkennen **4**

4. Eine Frau, die von Ihnen verwöhnt wird,

   a) gehört ganz und gar Ihnen **0**
   b) hat Freiheiten, die sie braucht **4**
   c) werden Sie an einer „langen Leine“ führen **2**

5. Sie werden von Ihrer Partnerin verlassen. Wie reagieren Sie?

a) Sie versuchen sie zurückzuhalten **1**
b) Sie warten auf die nächste **2**
c) Sie tun gar nichts, kommt sie zurück, ist alles wieder in Ordnung **5**

Gesamtpunktzahl ______

Zählen Sie nun bitte die für Sie zutreffenden Punkte zusammen. Das Ergebnis sagt Ihnen, was für Sie als Jungfrau-Mann der Sex bedeutet.

Auflösung:

3–8 Punkte:

Für einen Jungfrau-Geborenen sind Sie viel zu aktiv in Sachen Liebe und Sex. Sie wollen das Ruder in der Hand haben und spielen gerne den Patriarchen. Ein echter Jungfrau-Mann ist dazu gar nicht in der Lage, oder er findet das zu anstrengend.

9–15 Punkte:

Sie können es in manchen Punkten nicht verleugnen, daß Sie im Zeichen der Jungfrau geboren sind. Zum Beispiel wenn es um Sex geht. Sie erwarten von einer Frau sehr viel Initiative. Vielleicht ist es eine Ausrede, daß Sie die Emanzipation der Frau nicht aufhalten wollen . . .

16–24 Punkte:

Sie sind durch und durch ein Jungfrau-Mann. Eine Frau könnte bis an den Jüngsten Tag warten, bis Sie von selbst einen Schritt unternehmen würden. Sie tut besser daran, aktiv zu sein, sich leidenschaftlich alles das zu nehmen, was sie von Ihnen erwartet. Dann geben Sie auch!

Die Jungfrau-Dame und die Verführungskünste

Wer leidenschaftliches Feuer sucht, wer eine Frau begehrt, deren Feuer der Liebe alles um sich verzehrt, der sollte besser einen großen Bogen um die Jungfrau-Geborene machen.

Leidenschaft hat sie soviel wie ein Frosch Hitze. Trotzdem verführt sie ab und zu gerne. Schließlich ist sie trotz allem eine echte Eva. Nur das „Wie" unterscheidet sie von ihren Geschlechtsgenossinnen. Aber vielleicht macht sie gerade das für manchen Mann so interessant.

In der heutigen Zeit, wo Sex und Leidenschaft zu reinen Gesellschaftsspielen avancierten, sehnt sich mancher Mann wieder danach, erobern zu müssen. Er ist der Richtige für die Jungfrau-Geborene. Wenn sie einen Mann im Visier hat, so wird sie ihn provozieren, sie zu erobern. Das ist die Masche ihrer Verführung.

Sie flirtet mit einer kühlen und deshalb sehr provokanten Art. Sie wird den Mann immer wieder zurechtweisen, sich rar machen und ihn so noch mehr für sich interessieren.

Dabei hat die Jungfrau-Dame nicht absichtlich diese Masche gewählt. Es liegt in ihrem Naturell. Sie ist die Kühle, sie spielt sie nicht nur. Die Aufgabe des Mannes wird es sein, sie aus der Reserve zu locken, sie zum Sex zu animieren. Er wird sich bei ihr immer als Mann fühlen, denn sie nimmt das Angebot der starken Schulter wirklich gerne an. Vorausgesetzt, sie ist überzeugt davon, daß sie auch wirklich stark ist.

Sie verführt, ohne es eigentlich zu wollen. Sie ist aktiv, indem sie sich passiv und abweisend zeigt. Doch sie wird nur dann ein Interesse an einem Mann zeigen, wenn sie bemerkt, daß er es ernst meint. Für eine reine Plänkelei ist sie nicht zu haben. Dazu kann ein Mann sie niemals aus ihrem ordentlichen Schneckenhaus locken.

Vor allem deshalb nicht, weil eine Jungfrau-Dame nicht unglücklich ist, wenn sie nicht körperlich fühlt, daß sie geliebt wird. Sie investiert ihre seelischen Gefühle dann in etwas anderes: Beruf, Kinder, alte Menschen, Familie. Aufopfernde Liebe, ohne eine Gegenleistung zu erwarten.

Der Jungfrau-Mann und die Eroberungskünste

Im Grunde genommen kann man beim Jungfrau-Mann gar nicht von Eroberung sprechen. Zumindest nicht im Sinne einer sexuellen Eroberung. Der erste Schritt bleibt nämlich meist der Dame überlassen. Der Jungfrau-Geborene wird sie im stillen sehr verehren. Vorausgesetzt, sie entspricht genau dem, was er sich unter einer Partnerin vorstellt. Das ist mitunter aber gar nicht so leicht.

Eine Frau, die innerliche und äußerliche Ordnung ausstrahlt, peinliche Sauberkeit und immer Ehrlichkeit zeigt, die kann ihn begeistern. Wer aber glaubt, er würde seine Begeisterung zeigen und vielleicht einen Angriff starten wie beinahe jeder andere Mann, der irrt. Aber zu glauben, deshalb sei ein Jungfrau-Mann nicht interessiert an der Dame, geht ebenfalls fehl in seiner Annahme.

Der Jungfrau-Mann wartet auf das eindeutige Startzeichen seiner Herz-Dame. Ohne das wird er kaum einen Eroberungsversuch zeigen. Scheint ihm die Front klar, glaubt er, bemerkt zu haben, daß die Frau an einer Bekanntschaft, Freundschaft oder Liebe interessiert ist, so erinnert er sich an die alten Traditionen, einer Angebeteten den Hof zu machen. Schön, wie es im Benimm-Büchlein beschrieben steht, wird er um sie werben. Für jede romantische Frau mit Sinn für althergekommene Beziehung wird das den Himmel auf Erden bedeuten.

In der heutigen realistischen Zeit wird sie in ihm ein seltsames Einzelstück finden, das mit Rosen, Gedichten und Liebesbriefen aufwartet. So sehr er von Superemanzen auch belächelt werden kann, eine richtige Frau fühlt sich dadurch geschmeichelt und begehrt. Sie wird sich endlich wieder besinnen können, daß es noch Männer mit starken Schultern gibt.

Jeden Schritt, der weiterführt, muß sie allerdings selbst einleiten. Sie muß dem Jungfrau-Mann zeigen, wo es lang geht. Und er wird ihr treu folgen, begeistert von ihrer Initiative und Leidenschaft. Er wird aber nie mehr fordern als das, was sie ihm gerne gibt.

Eine Art zu erobern, die selten ist. Er ist der Mann, der die Frau wieder zu so einer machen kann. Das verfehlt aber kaum seinen Erfolg. Dabei hat er es gar nicht unbedingt darauf abgesehen, sexuellen Kontakt aufzunehmen. Vielleicht reizt gerade das manche Frau so sehr!

Wie reagiert eine Jungfrau-Frau auf einen Seitensprung?

Für die Jungfrau-Geborene zählt in erster Linie die seelische Liebe. Sie braucht zum Glücklichsein keine leidenschaftlichen Nächte, sondern einen Partner, an dessen Seite sie sich wohl fühlen kann, geborgen und zu Hause fühlt.

Man könnte den Eindruck gewinnen, häusliche Ordnung sei ihr mehr wert als variationsreicher körperlicher Kontakt. Gar so schlimm ist es nun auch nicht. Ein leidenschaftlicher Mann kann sie durchaus aus dem Dornröschenschlaf küssen, wenn er es versteht, sie auch seelisch auszufüllen.

Trotzdem: Sex steht bei ihr nicht an erster Stelle. Deshalb kann sie durchaus gelassen reagieren, wenn sie erfährt, daß ihr Partner nach einer leidenschaftlichen Liaison mit einer anderen in ihr frisch gelüftetes Bett schlüpft. Vielleicht ist es ihr sogar manchmal lieber, er tobt sich irgendwo anders aus, weil sie selbst auf Leidenschaft und wilde Sexgeschichten gar nicht so heiß ist.

Viel schlimmer als die sexuelle Niederlage empfindet sie den seelischen Betrug. Sie zeigt Verständnis für einen Seitensprung, nie aber für ein Verhältnis, das ihren Partner viel Zeit – ihre gemeinsame Freizeit – kostet und auch wert ist.

Sie wird darauf nie mit eigener Untreue reagieren, aber die Beziehung leidet sehr darunter. Die Jungfrau-Geborene kann es ihrem Partner nicht verzeihen, daß er sie im tiefsten Inneren so verletzt hat.

Fehler in menschlichen Belangen kann sie bei einem Partner nicht ertragen.

Sie versucht immer vollkommen zu sein, und das erwartet sie auch von ihrem Mann.

Nur die Tatsache, daß er zu schwach ist, seine Fehler zu vermeiden, seine Gelüste zu unterdrücken, deprimiert sie. Viel mehr jedenfalls als der sexuelle Fehltritt an sich.

Wie reagiert ein Jungfrau-Mann auf einen Seitensprung?

Die Leidenschaft wurde sicherlich nicht von einem Jungfrau-Mann erfunden. Er macht zwar alles mit, was seine Partnerin provoziert, er liebt die Leidenschaft an ihr, aber dennoch ist er ein Mann, den der Sex nicht primär an einer Frau interessiert.

Mancher Jungfrau-Geborene braucht sogar eine initiative Frau, um richtig auf den Geschmack zu kommen. Da er selbst manchmal beinahe scheu ist, bleibt er seiner Partnerin treu (sollte ihn nicht ein Nymphchen vorübergehend total verwirren). Er selbst zeigt niemals Ansätze, einen Seitensprung zu wagen.

Er beschäftigt sich gar nicht so viel mit sexuellen Gedanken. Wenn er liebt, ist er zärtlich und ausdauernd; wenn er nicht gerade mit seiner Herz-Dame kuschelt, haben andere, wichtigere Gedanken dieses Thema verdrängt. So wird der Jungfrau-Geborene auch kaum von selbst auf die Idee kommen, seine Partnerin würde ihn betrügen.

Wird ihm von Untreue etwas geflüstert, verhält er sich still. Er wird seiner Partnerin keine Vorwürfe machen. Wenn sie einen anderen Mann bevorzugt, läßt er sie ziehen, ohne Szenen, Vorwürfe oder lange Reden. Man könnte glauben, daß ihn die ganze Angelegenheit gar nicht rühre. Doch das ist eine Irrmeinung. Der Jungfrau-Mann leidet. Doch er nimmt den Kampf nicht auf. Er wartet. Wartet, ohne daß man ihm das ansieht.

Kommt die Partnerin zurück, wird er wieder für sie dasein. Gewohnheit? Liebe? Er spricht nicht von ihrem Fortgehen, fragt nicht, forscht nicht, schenkt ihr wieder seine Liebe, die er durch ihr Verhalten nicht verloren hat.

Trotzdem: Wer es übertreibt, könnnte den Jungfrau-Geborenen auf die Idee bringen, daß an Seitensprüngen etwas Gutes dran ist. Dann läßt er sich von anderen Frauen verführen. Und deren gibt es genug, die Spaß daran haben, Männer fremder Frauen zu trösten und aufzubauen. Zumindest im Bett.

Fünf Liebessünden, die der Jungfrau-Mensch gern begeht

1. Desinteresse

... an der Verführung, an sexuellen Experimenten, an rein körperlichem Kontakt kann einen Partner des Jungfrau-Menschen zur Verzweiflung bringen. Der Partner muß immer die Initiative ergreifen, um auf seine Rechnung zu kommen. Es liegt nur an ihm, ob der Jungfrau-Mensch in Schwung kommt und zärtlich und ausdauernd liebt. Er selbst sprüht nämlich nicht vor Begierde und Freude am kuscheligen Betterlebnis.

2. Leidenschaftslos

... wirkt ein Jungfrau-Mensch, solange ihm niemand Feuer gemacht hat. Das Bett ist in seinen Augen eine nette Einrichtung. Doch wenn sich darin nicht viel tut, so ist er auch nicht unglücklich darüber. Ein sexzugewandter Partner wird immer das Gefühl haben, daß er es sein muß, der die Federn zum Fliegen bringt. Manchmal deprimiert dieses leidenschaftslose Verhalten.

3. Pedanterie

... auf jedem Gebiet macht Jungfrau-Menschen oft zu schwierigen Partnern. Alles muß passen, sitzen, klappen. Ein Liebesabenteuer in einem ungelüfteten Bett wird ihn nie reizen. Es würde zum Chaos kommen, müßte ein Jungfrau-Mensch längere Zeit mit einem unordentlichen Partner auskommen. Ihn frustrieren ungemachte

Betten, den Partner vielleicht, daß selbst der spontanste Sexangriff versickert, wenn nicht die Polster duftend und einladend im Bett strahlen wie bei einer Waschmittelreklame.

4. Teilnahmslos

. . . scheint der Jungfrau-Geborene zuzusehen, wie sein Partner ihn betrügt. Das mag für manche Menschen, die den Seitensprung als willkommene Abwechslung sehen, ganz angenehm erscheinen. Aber für einen Partner, der den Jungfrau-Menschen liebt, ist das eher deprimierend, wenn er das Gefühl hat, er könne machen, was er will. Die meisten Menschen wollen doch nicht gerne in fremden Betten tollen dürfen.

5. Tradition

. . . ist für den Jungfrau-Menschen wichtig. Manchmal erscheint er altmodisch. Zuweilen kann es den Partner verzweifeln, wie verkorkst der Jungfrau-Geborene am alten hängt. Er will sich nicht davon losreißen und neue, interessante Wege gehen. In Familie, Beruf und auch nicht in puncto Sex. Der Partner braucht viel Verständnis für sein altmodisches Denken und sein konventionsgebundenes Verhalten.

Steht die Liebe im Leben einer Jungfrau-Dame an erster Stelle?

Eine Jungfrau-Dame verschenkt ihr Herz nur an einen Mann, der es ihrer Ansicht nach auch verdient. Egal, ob man nun an die körperliche oder seelische Liebe denkt.

Für sie zählt aber in erster Linie, daß sie von einem Mann verstanden wird. Daß er ihr ein geregeltes Leben, klare Finanzen und seelisches Gleichgewicht bieten kann. Sex ist für sie eher eine Gegenleistung.

So sehr sich ein Mann um sie bemühen muß, so schwierig es sein kann, sie seelisch zufriedenzustellen, so sehr muß er es auch verstehen, in ihr die Lust zur körperlichen Liebe zu erwecken. Nur wenn er Lust und Leidenschaft zeigt, wird auch die Jungfrau-Partnerin erkennen, welche herrlichen Reize im sexuellen Zusammenleben entstehen können.

Von sich selbst aus wird sie aber wahrscheinlich kaum besondere Ambitionen zeigen.

Wenn die Jungfrau-Dame jedoch liebt, ist sie eine tolerante Partnerin. Sie wird keine Eifersuchtsszenen machen, nicht spionieren und nach Fehltritten suchen. Darüber wird sie sich kaum Gedanken machen. Vielleicht weil ihr das selbst nicht so wichtig erscheint.

In ihrer Partnerschaft muß alles geordnet sein. Sie kann ihre Liebe nicht entfalten, wenn sie von Zukunftsängsten oder Unsicherheiten gequält wird. Einem Mann, dem sie sich anvertrauen kann, wird sie ein Leben lang treu sein. Sie weiß, daß es für sie nicht so viele Partner gibt, die ihr dieses Gefühl vermitteln können.

Vielleicht spricht die Jungfrau-Geborene nicht gerne über ihre

Gefühle. Aber ohne Zweifel – sie hat sie. Und derjenige, der sie zu nehmen und zu behandeln versteht, wird diese auch zu spüren bekommen. Mag sein, daß die Jungfrau-Dame damit etwas haushält. Dadurch hat sie aber immer welche auf Reserve, und ein Partner oder die Familie wird nie auf totales Unverständnis und Kälte stoßen.

Steht die Liebe im Leben des Jungfrau-Mannes an erster Stelle?

Liebe ist für den Jungfrau-Mann nicht nur ein Wort. Liebe ist für ihn auch nicht unbedingt gleichbedeutend mit Sex. Der Jungfrau-Geborene braucht lange, bis er sich zu jenem Gefühl durchgekämpft hat, das er als Liebe bezeichnet.

Er ist genau, sogar etwas pedantisch. Er stellt harte Anforderungen an eine Frau, die er zu seiner Partnerin machen will. Vor allen Dingen auch, daß sie viel dazu beiträgt, daß es überhaupt zu einer Liebesbeziehung kommt.

Sie muß Initiative zeigen, muß aber immer genau wissen, was sie will. Wankelmut, seelische Unordnung schrecken den Jungfrau-Mann ab. Hat er seine Herz-Dame allerdings gefunden, so steht sie in seinem Leben an erster Stelle. Sie wird immer das Gefühl haben, daß er nur für sie da ist.

Was sich aber eine Frau in einer Beziehung erwartet, scheint dem Jungfrau-Geborenen nicht ganz klar zu sein. Manchmal scheint es, als träume er von einer Josefsehe. Aber wie gesagt: Es scheint nur so. Eine Partnerin, die es versteht, ihre sensiblen Fingerkuppen richtig einzusetzen, wird sehr schnell in ihrem Jungfrau-Mann jene Gefühle erwecken, nach denen sie sich sehnt.

Was den Sex betrifft, hängt es von ihr ab, wie intensiv er gepflegt wird. In den Augen des Jungfrau-Geborenen mag es zwar recht angenehm sein, aber er ist für ihn nicht das Um und Auf. Er läßt sich von den Gefühlen der Frau anstecken und liebt leidenschaftliche Frauen.

Für ihn ist Liebe in erster Linie eine Sache des seelischen

Verständnisses, eine Übereinkunft der Herzen. Er wird treu und aufrichtig lieben. In den Liebesbeweisen wird er eher traditionsgebunden als originell sein. Er ist der Mann, der mit roten Rosen vor der Tür steht, aber nie halsbrecherische Abenteuer vollführt, um seiner Partnerin zu zeigen, wie sehr er an ihr hängt. Ein Leben an der Seite eines Jungfrau-Mannes wird ordentlich, ruhig und beschaulich verlaufen. Zärtlichkeit spielt für ihn eine große Rolle. Die ganze Familie wird von ihm damit übersät werden – solange sie sich darum bemüht.